우울한 마음도 습관입니다

우울한 마음도 습관입니다

내 감정을 책임지고 행복한 삶을 사는 법

박상미 지음

저녁달

행복함을 느끼는 것,
괴로운 감정에 빠지는 것,
모두 습관입니다

자주 불안한가요?
걱정이 많아서 우울한가요?
우울한 마음 때문에 자주 무기력한가요?

우리는 모두 행복하고 즐거운 삶을 누리기를 바라지만 삶이 고행인 것처럼 느껴지는 날이 있습니다. 내 마음과 다르게 흘러가는 인간관계 속에서 감정을 소모하고 싶지 않아서 마음의 문을 닫고 싶은 날도 있고, 충분히 공감받고 마음을 나눌 수 있는 사람이 없어서 외로운 날도 있고, 온갖 걱정이 몰려들어 밤새 잠들지 못하는 날도 있습니다.

감정은 경험 속에서 만들어집니다. 내가 자주 느끼는 감정, 나를 자주 힘들게 하는 감정이 무엇인지 알아차리고, 그 감정과 거리를 두고 객관적인 관점으로 관찰해보아야 합니다. 자극과 반응 사이에 마음의 공간을 만들어서 나의 감정을 알아차리고 좋은 반응을 선택하는, 내 감정의 주인이 되는 연습을 할 때, 삶이 편안해집니다.

왜 좋은 감정과 좋은 생각을 선택해야 할까요? 좋은 감정과 좋은 생각은 우리 삶의 질을 높이고, 건강을 유지하고, 인간관계를 원만하게 유지하도록 돕습니다. 감정의 주인이 되지 않으면 나오는 대로 말하고, 떠오르는 대로 생각하고, 느껴지는 대로 행동합니다. 이는 불행과 우울로 가는 지름길입니다.

우리 뇌는 즐겁고 행복했던 감정보다 괴롭고 힘들었던 감정을 더 강렬하게 받아들입니다. 그래서 사람들은 자신에 대한 칭찬보다 험담에 더 집착하죠. 내가 들은 좋은 말은 빨리 잊어버리고 나에게 상처를 줬던 말만 가슴 깊이 새기고 오랜 시간 힘들어합니다.

편안하고 밝은 일상을 즐기고 싶다면, 괴로운 감정과 나쁜 기억을 껴안은 채 자신의 마음을 괴롭히지 말아야 합니다. 내가 하는 걱정의 96퍼센트는 쓸데없는 불안이 만들어낸 것임을 알아야 합니다. 좋은 사람들이 해준 좋은 말을 기억하도록 '노력'해야 합니다. 부정적 감정에 중독돼 있다면 더 열심히 연습해야 합니다. 우울한 마음도, 불안한 마음도, 나를 힘들게 하는 감정을 자주 느끼는 것도 습관입니다.

저도 예전에는 우울과 불안으로 힘들었지만, 지금은 밝은 일상을 즐기며 상담자로서 평온하게 살고 있습니다. 아주 오랜 시간 동안 애쓰고 노력해서 부정감정을 이겨내는 사고 습관을 만들어낸 덕분입니다.

우리는 '마음이 아프다, 마음이 괴롭다, 마음이 불안하다'는 말을 흔히 합니다. 그런데 마음이 어디에 있을까요? 마음은 뇌에 있습니다. 뇌가 불안을 느끼고 강박을 느끼고, 후회하고 자책하다가 우울과 무기력에 빠지는 겁니다.

긍정적인 뇌로 바꾸려면 긍정반응을 만들어내야 합니다. 긍정반응이란 어떤 자극이 오더라도 그 상황에서 긍정반응을 선택하는 것을 말합니다. 긍정의 힘이 실제로 뇌를 바꿉니다.

바버라 프레드릭슨Barbara Lee Fredrickson 교수는, 사람들이 긍정적인 감정을 경험하면 마음이 넓어지고 새로운 가능성과 아이디어를 얻게 된다고 했습니다. 또한 육체적 자원, 지적 자원, 사회적 자원 등 개인의 삶의 질을 높여주는 자원을 구축할 수 있다고 말합니다. 불안, 두려움, 분노, 좌절 같은 부정적인 감정을 느끼게 되는 위협의 순간에도 지혜롭게 대처할 수 있는 능력을 갖게 된다고 합니다.

　⊜긍정감정이 가져오는 효과
　1. 몸을 회복시키고 더 나은 상태로 만들어줍니다.
　2. 도덕적이고 선한 행동을 하려는 욕구를 높여줍니다.
　3. 근력을 높여주고 심혈관 질환을 예방해줍니다.

4. 감정 조절 능력과 지적 능력을 키워줍니다.

5. 인간관계가 좋아집니다.

6. 문제해결 능력이 향상됩니다.

우리 마음은 너무나 복잡하고 광활한 바다와 같아서 어느 날은 폭풍우가 몰아치고 어느 날은 잔잔하여, 가늠이 안 될 때도 많고 조율이 안 될 때도 많습니다. 그때마다 마음이 흔들리지 않도록 감정 조절 능력을 키워야 합니다. 그 시작은 나의 감정을 알아차리고 이해하는 것입니다.

벚꽃의 꽃말 중에 '아름다운 영혼', '내면의 아름다움'이 있습니다. 우리의 삶도 벚꽃처럼 화사하고 밝으면 얼마나 좋을까요? 여러분의 마음이 조금 더 평안하고 아름다워지고, 일상이 조금 더 즐거워지기를 바라며 이 책을 썼습니다.

우울감과 불안감에서 벗어나고 싶은가요?

무거운 일상을 털어버리고 싶은가요?

부정적인 감정의 굴레에서 벗어나고 싶은데 잘 안 돼서 다시 무력감에 빠지며 힘든 시간을 보내셨을지 모르겠습니다. 이제는 저와 함께 부정적 자동사고 습관을 긍정적 자동사고 습관으로 바꾸는 연습을 해볼 겁니다.

기분이 안 좋고, 부정적인 생각이 밀려오고, 자존감이 떨어지고, 무기력해질 때마다 이 책을 펼쳐주세요. 반복해서 이 책을 보면서 뇌가 긍정적인 생각을 할 수 있도록, 좋은 감정을 선택할 수 있도록 연습하세요. 쉽고 간단한 훈련으로 우리의 뇌를 긍정적으로 바꿀 수 있습니다. 부정적 감정이 사라지게 하는 마음 치유, 지금 시작합니다.

2023년 봄
박상미

차례

1부   더 이상 흔들리지 않기 위한 감정 공부
나의 감정을 알아차리면 삶이 선명해진다

2부 밝고 빛나는 삶을 위한 습관 공부
부정적 자동사고에서 벗어나 좋은 감정을 선택하는 법

1부

더 이상 흔들리지 않기 위한
감정 공부

나의 감정을 알아차리면
삶이 선명해진다

내가 지금 아무것도 하고 싶지 않고, 사람도 만나기 싫고,

삶이 너무 재미없다고 생각하는 이유는

나의 부정감정을 읽어내지 못했기 때문입니다.

내 안에 쌓인 부정감정들이 갈 곳을 못 찾으면 나를 공격하게 됩니다.

나를 비난하고 미워하게 만드는 겁니다.

나쁜 감정은 빨리 버리고 해결해야 합니다.

나쁜 감정에 빠진 나를 방치하지 마세요.

당신은 충분히 더 행복해져야 할 사람입니다.

내 감정을 알아차리는 일에 섬세하게 깨어 있어야 합니다.

1부에서는, 내 안에 어떤 감정이 있는지 들여다보고 그것을 알아차리는 방법을 소개하려고 합니다. 또한 긍정감정을 느끼는 법을 통해 내 삶을 밝고 즐겁게 만드는 요령도 함께 알아보겠습니다. 내 마음의 공간에 집중하고 감정을 읽으면 나의 반응을 긍정적으로 바꿀 수 있습니다.

핵심감정이란

내 인생을
지배하는 무의식

왜 자꾸 화가 나는지, 왜 모든 게 짜증스럽고 힘들기만
한지, 왜 자꾸 이런 감정이 밀려드는지 몰라서 답답한 적이
있었나요? 너무 예민하게 반응하는 감정이나 해소되지 않
는 부정적인 감정 때문에 힘들 때가 있었나요?

사람은 누구나 하나 이상의 부정적인 감정을 갖고 있
습니다. 이처럼 부정적인 마음속 응어리를 정신분석학에서

1부 더 이상 흔들리지 않기 위한 감정 공부

는 '콤플렉스complex'라고 부릅니다. 우리의 행동과 인지 과정에 영향을 미치는 무의식적 감정, 욕망, 기억 등을 아우르는 말입니다.

어렸을 때 가족이나 친구와 나눈 경험 또는 환경에 의해 갖게 된 느낌이 지금도 떠오를 때가 있으실 겁니다. 그것이 좋지 않은 경험이나 감정에서 만들어진 것이라면 세월이 갈수록 더 단단해지게 되는데, 이렇게 나의 삶에 지속해서 영향을 미치는 감정은 '핵심감정'이라고 합니다. 사람의 행동, 표정, 생각을 지배하며 갈등을 일으키는 감정이기도 하죠. 핵심감정은 내가 깨닫기 전까지, 나의 무의식에서 끊임없이 내 삶에 개입합니다. 평생 동안 자주 느끼지만 무의식 속에 숨어 있기 때문에 잘 알아차리지 못할 수 있습니다.

이 핵심감정은 나의 진로 선택이나 배우자 선택뿐 아니라 인간관계에도 영향을 끼치는데 나의 핵심감정을 깨닫지 못한 채 살다가는 평생 끌려다닐 수 있습니다. 그 감정을 찾아 해소해야 합니다. 회피하지 않고 내 감정을 알아차리고 마주해야, 내 감정의 주인이 될 수 있습니다.

누구나 내 안에 있는 부정감정을 마주 보는 일은 힘듭니다. 불편하기도 하죠. 건드리면 터질까 봐 외면한 채 사는 사람도 많아요. 더 밝고 행복하게 살 수 있는 기회가 눈앞에 있는데도 보질 않는 거죠.

저는 전국 교도소 재소자들을 대상으로 마음 치유 교육을 오랫동안 해왔습니다. 상담과 수업을 통해 재소자들의 마음을 들여다보면 그들의 핵심감정 중에는 '억울함'과 '분노'가 많았습니다. 갓 입소한 사람들의 핵심감정은 '억울함'이 압도적으로 많았고요. 자신의 잘못에 비해 형량이 너무 높다고 생각하기 때문이죠.

교도소에서 상담을 하면서 범죄를 저지르게 된 이유를 들어보면, '상대가 나를 무시해서' 또는 '굴욕감을 느껴서' 충동적으로 행동했다고 말하는 경우가 많았습니다. 무시를 당해서 욱하는 마음에 폭력성을 보였다는 것인데, 자존감이 낮아서 그랬다기보다는 어떤 말이나 행동이 트리거(Triger, 어떤 사건을 유발한 계기)가 되어 그 사람의 핵심감정을 건드린 겁니다.

1부 더 이상 흔들리지 않기 위한 감정 공부

성장기에 겪은 힘든 일(폭력, 학대, 괴롭힘, 무시, 방치, 끔찍한 사고 등)은 불씨처럼 남아 있다가 성장기 트라우마가 될 수 있습니다. 그 불씨가 과거의 경험을 떠올리게 하는 어떤 사건과 만나면 감정이 폭발하게 되는 거죠. 그로 인해 심리적 문제에 시달리고 대인관계에도 문제를 겪을 수 있습니다.

재소자 A는 대학을 졸업하고 괜찮은 직장에 취직해서 회사를 잘 다녔던 청년입니다. 첫 사회생활인데다 팀장이 성과에 목숨 거는 스타일이라 힘들긴 했지만 지시에 잘 따르고 동료들과도 잘 지내려고 노력했습니다. 그런데 어느 날 다들 거나하게 취한 회식 자리에서 내뱉은 팀장의 말 한마디가 트리거가 되고 말았습니다.

"너는 성실하기만 했지 아이디어도 없고 하는 일이 너무 없어. 어떻게 우리 회사에 들어왔는지 신기해."

많은 사람들 앞에서 무시와 무안을 당한 청년은 순간 욱해져서 팀장 얼굴에 주먹을 날리고 말았습니다. 만취 상태였던 팀장은 중심을 잃고 넘어져서 갈비뼈 세 개가 부러졌습니다.

그 청년에게는 트라우마가 있었습니다. 그가 다섯 살 때쯤 어머니가 재혼을 해 의붓아버지와 함께 살게 되었는데 부모님이 부부 싸움을 자주 했고, 그때마다 의붓아버지는 자신에게 화풀이를 했습니다.

"저 녀석은 제대로 하는 게 하나도 없어. 머리도 나쁘고 멍청해. 누굴 닮았는지⋯."

그때마다 자기가 왜 그런 말을 들어야 하는 건지 억울했고 분노의 감정이 치밀었습니다. 내 편이 되어주지 않고 침묵하고만 있는 엄마는 더 미웠습니다. 하지만 자기 때문에 집안 분위기가 더 나빠질까 봐 혼자 꾹꾹 참으며 말대꾸 한 번 하지 않았습니다. 그렇게 마음속 깊이 억울함과 분노를 간직한 채 성인이 되었습니다.

그날 팀장의 목소리가 의붓아버지의 목소리와 오버랩 되면서 20년 묵은 감정이 용암처럼 끓어올라 엉뚱한 데서 폭발하고 말았습니다. 폭력과 상해로 1년 실형을 받은 그는 볼 때마다 화가 나 있었습니다. 교도소 안에서도 불공평하고 비합리적이어서 화가 나는 일들은 자기한테만 일어난다고 호소했어요.

그러다가 '내 인생을 지배하는 핵심감정 알아차리기' 수업에 참여하면서, 본인의 핵심감정이 억울함과 분노라는 걸 알게 되었습니다. 아주 작은 자극에도 자신의 핵심감정이 지나치게 크게 자동반응을 한다는 것도 깨닫게 되었죠. 그리고 무의식에서 올라와 일상에 수없이 개입하는 감정의 뿌리를 들여다보기 시작했습니다. '핵심감정을 자각하는 연습'을 하며 감정을 글로 쓰고 자신의 감정과 대화를 할 수 있게 되었습니다.

핵심감정이 완전히 사라지게 할 수는 없습니다. 하지만 나의 핵심감정을 알아차리고, 이 감정이 생성된 경험에 대해 말할 수 있게 되면, 핵심감정이 나에게 유익하게 작용하도록 잘 다룰 수 있습니다.

핵심감정을 만들어낸 과거의 경험 속에 왜곡되거나 과장된 기억이 있다면 바로잡을 수도 있고, 내 잘못이 아닌 일 때문에 트라우마가 생긴 거라면 치유할 수도 있습니다. 핵심감정을 모른 채 극복해본 적이 없는 사람은 그 감정이 자신의 본래 성격이라고 착각하기도 합니다. 핵심감정을 제대로 인지하고 있는 사람은 자동반응 패턴을 멈출 수 있습니다.

핵심감정은 나의 사고, 말, 행동으로 이어지기 때문에 자식에게 대물림되기도 합니다. 예를 들어, 열등감을 핵심감정으로 가지고 있는 부모가 자녀를 양육할 때, 경쟁에서 이기기 위해서 최선을 다하고, 더 노력하라고 강요하게 되는 것이죠. 이때 무의식적으로 자녀와 다른 아이를 비교하게 되는데 그러면 아이도 열등감을 핵심감정으로 갖게 될 가능성이 높아집니다. 심리학자 알프레드 아들러는 성장기 때 겪은 경험이 삶에 대한 무의식적인 신념을 형성한다고 했습니다.

핵심감정을 파악하고 나면 '무엇 때문에' 분노가 치밀었는지, '무엇 때문에' 열등감을 느꼈는지를 알 수 있게 됩니다. 그러면 그 '무엇 때문에'에 해당되는 문제를 찾아 해결하면 됩니다.

생각해보기: 무엇 때문에 화가 났는가?

답 찾아보기: 열심히 공부했는데 나의 노력은 보지 않았고, 성실히 일했는데도 그 과정은 인정하지 않고 나를 무시했기 때문에.

그 청년은 과정을 인정받고 싶은 사람이었습니다.

"열심히 노력했는데도 이번엔 잘 안 됐구나. 다음엔 잘 할 수 있을 거야. 나는 너를 믿어."

의붓아버지나 상사로부터 이런 격려를 받고 싶었을 겁니다. 그런데 사람들은 결코 내 마음 같지 않아요. 야속하지만 내가 듣고 싶은 말을 해주지 않을 때가 훨씬 더 많습니다.

그러니 '세상에는 같은 걸 보고도 저렇게 말해버리는 사람이 있구나. 나를 아끼지 않는 사람의 말에 상처받지 말고 내가 나를 잘 지켜내자.' 하며 포용하고 내려놓아야 합니다. 마음의 평정심을 찾기 위해 나의 핵심감정을 알아차리는 연습을 해야 합니다.

1부 더 이상 흔들리지 않기 위한 감정 공부

핵심감정을 자각하는 연습

핵심감정은 본인이 깨닫기 전에는 무의식 영역에서 끊임없이 나에게 영향을 미칩니다. 나에게 부정적인 영향을 끼치는 핵심감정을 인식하면 내 삶을 더 풍요롭고 빛나도록 가꿀 수 있습니다.

다음 감정 단어를 읽고, 내가 자주 느끼는 감정에 체크를 해보세요.

☐ 부담감   ☐ 분노

☐ 경쟁심   ☐ 무기력

☐ 억울함   ☐ 허무

☐ 열등감   ☐ 슬픔

☐ 외로움   ☐ 불안

☐ 그리움   ☐ 공포

☐ 질투   ☐ 소외

☐ 두려움   ☐ 적개심

◉ 나는 어떤 상황에서, 감정이 격해지고 민감하게 반응하는지 떠올려보고 글로 적어봅니다.

_____

_____

_____

_____

_____

◉ 그 경험을 떠올렸을 때 느껴지는 감정은 무엇인가요? (감정 단어로 표현해보세요.)

_____

_____

_____

_____

_____

◉ 그 감정이 느껴질 때 어떻게 반응했나요? (어떤 말을 했는지, 어떤 행동을 했는지 적어봅니다.)

_____

1부 더 이상 흔들리지 않기 위한 감정 공부

● 그 감정을 느끼게 된 최초의 상황을 떠올리고 적어보세요.

● 그 감정이 최고조에 이르렀던 경험을 떠올리고 적어보세요.

이제 나의 핵심감정이 마음속에서 살아나려고 할 때 나에게 이렇게 말하세요.

지금 이 감정이 왜 생겨났을까?
나의 트라우마가 자극받아서 일어난 감정일 수 있어.
이 감정 때문에 그동안 너무 힘들었지?
순간적으로 일어난 감정의 노예가 되지 말고,
내 감정을 책임지자.
이 감정이 생긴 경험들은 다 지난 일이고,
덕분에 나는 많이 성장했어.
이제는 내 감정의 주인이 되자.
자동으로 반응했던 나의 행동을 멈추고,
진정으로 내가 원하는 말과 행동을 선택하자.

1부 더 이상 흔들리지 않기 위한 감정 공부

방어기제

불편한 감정에
대처하는 전략

우리가 세상을 살아가다 보면 불안, 우울, 두려움, 공포심, 죄책감, 수치심 같은 불쾌한 감정을 경험할 때가 있습니다. 이런 감정을 느낄 때 우리는 자신을 방어하기 위한 다양한 방법을 사용하게 되죠. 이를 '방어기제'라고 하는데 '불안을 처리하기 위한 전략'이라고 할 수 있습니다.

같은 상황을 마주하고도 사람마다 느끼고 생각하고 행

동하는 방식은 다릅니다. 사람들은 모두 나를 보호하기 위해서, 상처받지 않으려고 최선의 노력을 합니다. 미성숙한 방어기제를 쓰는 사람도 많지만, 성숙한 방어기제를 쓰는 사람도 있어요. 감정을 자극하는 상황에서 어떤 방어기제를 사용하는지를 잘 살펴보면, 그 사람의 성격도 보이고, 인생도 보입니다.

방어기제를 알면 나조차 몰랐던 내 모습을 이해하게 됩니다. 타인도 조금은 더 이해할 수 있게 되죠. 내 주변에서 나를 힘들게 하는 그 사람을 떠올려보세요. 그 사람과 갈등했던 상황도 떠올려보세요. 그는 어떤 방어기제를 주로 쓰는 사람인가요? 그의 주된 방어기제를 알고 나면, 그 사람이 어떤 사고방식을 가지고 있는지 알 수 있고 좀더 넓은 마음으로 그를 대할 수 있습니다. '아, 지금 그런 방어기제를 쓰고 있어서 저렇게 행동하는구나.' 하며 너그러워질 수 있는 거죠.

자신이 주로 사용하는 방어기제를 확인하는 것은 나를 돌보고 성장시키는 데 꼭 필요한 과정입니다. 내가 건강하지 않은 방어기제를 사용하면서 살아왔다는 걸 알아차렸다면 이제 당신의 삶이 달라지기 시작할 겁니다. 건강한 방어기제를 배우고, 나에게 적용하는 연습을 하세요.

"나이가 들고 연륜이 쌓이면 자연스럽게 성숙한 방어기제를 갖게 되는 것 아닌가요? 공부하고 연습까지 해야 하나요?"

이렇게 묻는 분들이 참 많습니다. 안타깝게도 인간은 참 불완전하고 미성숙합니다. 나이가 든다고 저절로 성숙해지지 않습니다. 아이보다 못한 어른들도 많고, 사회적으로 높은 지위에 있어도 아주 미성숙한 방어기제를 사용하는 사람들도 있어요. 성숙도가 낮을수록 자기 방어기제를 파악하지 못하니 악순환의 고리에 갇혀서 빠져나오지 못합니다. 내 인간관계를 해치고, 나를 힘들게 하는 방어기제를 알아차려야 조금 더 성숙한 단계로 나아갈 수 있어요. 성숙한 인간이 되기 위해서는 공부가 필요합니다.

"저 사람은 매사에 너무 방어적이야."

부정적 의미로 쓰일 때가 더 많은 방어Defense. '방어기제'라는 표현을 처음으로 사용한 사람은 프로이트의 딸인 아나 프로이트Anna Freud였습니다. 1936년 『자아와 방어기제 The Ego and the Mechanism of Defense』라는 저서에서 인간이 방어 적으로 사용하는 기제에 대해 기술했습니다. 그걸 제가 쉽 게 풀어보았어요. 나는 어떤 방어기제를 주로 사용하는지, 한번 체크해볼까요? 내가 왜 그렇게 행동했는지, 왜 그런 기분이 들었는지, 나에 대해 더 알 수 있게 될 거예요.

방어기제의 종류는 학자마다 다양하게 분류하고 있는 데요. 여기에서는 어떤 방어기제들이 있는지, 나에게도 적 용되는지를 중점적으로 생각하며 읽어주세요. 우선 부정적 방어기제부터 살펴볼게요.

나를 가두는 부정적 방어기제

억압

억압Repression은 현실이나 상황이 견뎌내기에는 매우 고통스럽고 충격적이어서 무의식 속으로 억눌러버리는 것을 의미합니다. 정신분석학에서 억압은 다른 방어기제나 신경증적 증상의 기초가 됩니다. 한편 의식적으로 생각을 통제하려는 것은 억제Suppression라고 합니다.

억압은, 예를 들면, 어린 시절에 겪은 아버지의 폭력적인 말과 행동에 대해 자세히 기억하진 못하지만, 분노와 공포, 억울함과 같은 감정이 남아 있는 것과 같아요. 내가 감당하기 힘든 감정을 무의식으로 보내버린 것이죠. 이렇게 억압된 감정은 없어지지 않고 분노로 발전할 가능성이 높습니다.

부정 혹은 부인

부정Denial은 고통스러운 현실을 인식하지 않는 것을 말합니다. 위협적인 현실에 눈을 감아버림으로써 불안을 방어하려는 것이죠. 예를 들면, 사랑하는 사람이 죽었을 때 그 죽음 자체를 부인하면서, 사랑하는 사람이 어딘가에 분명히 살아 있을 거라고 믿는 거예요.

현실에서 고통을 인식하지 않기 위해 처음부터 그런

사건이 없었다는 듯이 여기고 부정하려는 것이지요. 저 또한 이런 방어기제를 갖고 있었습니다. 대학생 때 아버지가 돌아가셨는데 아버지의 죽음을 인정하는 게 너무 힘들고 고통스러워서 장례식장에서도 울지 않았어요. 나쁜 꿈을 꾸는 중이라고 생각하며 눈을 감고 있었죠. 일부러 고향에도 가지 않았어요. 매일 아버지의 핸드폰으로 문자를 보내기도 했어요. 마치 아버지가 살아 있는 것처럼 믿고 행동했던 거죠. 1년 정도 지난 후에야 부인하는 걸 멈추고 아버지의 죽음을 정면으로 수용하기 시작했습니다. 아버지의 유골이 안치되어 있는 납골당에 가서 잘 가시라고 인사를 하고 통곡을 쏟아낸 다음에야 아버지의 죽음을 수용할 수 있었습니다. 충분한 애도의 시간을 가지고 나면, 자아가 힘을 회복해서 더 이상 방어를 하지 않습니다.

전치 혹은 치환

전치Displacement 혹은 치환Substitution은 자신의 목표나 인물 대신 대치할 수 있는 다른 대상에게 에너지를 쏟는 방어기제입니다. 위협적인 대상에서 덜 위협적인 대상으로 방향을 전환하는 것이죠.

세계적 역사학자 로버트 단턴Robert Darnton이 쓴 『고양이 대학살The Great Cat Massacre』엔 흥미로운 전치의 사례가 나옵니다. 18세기의 파리는 농촌을 떠나 일자리를 찾아 도시로 몰려든 실업자들로 넘쳐났습니다. 일자리는 부족하고 노동력은 넘치다 보니 사람들은 월급도 없는 견습공을 자처했죠. 당연히 대우는 형편없었습니다. 그런데 한 인쇄소 주인 부부가 키우는 고양이는 주인의 사랑을 받으며 견습공들보다 더 나은 음식을 먹고 깨끗한 곳에서 잠을 자더라는 겁니다. 심지어 주인은 견습공들에게 고양이 초상화까지 그리라고 시켰답니다. 하층계급은 혹독한 현실 속에서 힘든 삶을 살았지만 특권계층은 아무 가책도 없이 특권을 누리며 호화로운 삶을 즐겼습니다.

결국 인쇄소 견습공들은 주인의 고양이를 포함해 그 동네의 고양이들을 죄다 죽여버리는 무시무시한 사건을 벌였습니다. 죽어라 일해도 가난에서 벗어날 수 없는 사회적 구조를 뜯어고칠 수도 없고 인쇄소 주인에게 대항해 불만을 해결하지도 못하니 화풀이 대상을 바꾸어(치환) 애꿎은 고양이들에게 화풀이를 한 겁니다. 너무 비겁한 전략입니다.

반동형성

반동형성Reaction Formation은 마음속 깊은 곳에 자리 잡고 있는 두려움이나 충동을 다른 사람에게 보이고 싶지 않아 감추려는 과정에서 반대 행동을 하는 것입니다.

쉽게 말해 불편한 감정과 생각을 정반대로 표현하는 거예요. 불편한 감정이 있는 사람에게 극존칭을 쓰면서 예의 바르게 대하고 걱정해주고 배려하는 것, 열등감이 심한 사람이 그걸 감추기 위해서 잘난 척하는 것, 자신의 나약함을 들키고 싶지 않은 사람이 일부러 센 척하는 것, 모두 반동형성에 해당합니다.

합리화

합리화Rationalization란 실망스러운 현실에서 도피하기 위해 그럴듯한 구실을 붙이는 것을 말합니다. 즉, 상처 입은 자아가 더 큰 상처를 입지 않도록 합리적 이유를 만들어내어 상처받을 상황에서 빠져나가도록 해주는 자기 기만의 방어기제가 바로 합리화입니다.

합리화는 '신 포도 반응'이라고도 불리죠. 라 퐁텐의 유명한 이솝 우화 〈여우와 신 포도〉에서 여우는 포도를 먹고 싶어 하지만 너무 높이 매달려 있는 포도를 따먹을 수 없게 되자 "저 포도는 아직 익지 않아서 시어서 안 먹는 거야."라고 자신에게 설명합니다. 그럴듯한 이유를 만들어서 결과를 정당화하는 거예요.

주지화

주지화Intellectualization는 자신의 감정을 해소하거나 표현하는 것이 아니라 자신을 힘들게 하는 경험을 학문적으로 분석하려는 방어기제입니다.

자신이 겪은 어떤 불쾌했던 기억에 대해서 담담하고 냉정하게 논리적으로 이유를 들어 설명하려고 애쓰는 것인데, 상담하다 보면 이런 말을 하는 분들을 자주 만납니다.

"제가 강박증과 사회불안이 심해서 불안을 많이 느끼는 것 같아요."

"제 방어기제 중 하나가 부정이어서 힘든 거 저도 알아요."

자신의 정신적 어려움을 스스로 분석하여 맞는지 확인
하려고 합니다.

심리적으로 불편함을 겪고 있는 사람이 심리학이나 정
신분석학 책을 보며 감정은 억누르며 지적인 방법으로 분
석하고, 추상적으로 생각하고 인지화하는 것 또한 주지화의
일종입니다. 나는 '내가 이미 잘 알고 있으니 괜찮아.' 하며
애써 태연해지려고 노력하는 것이지요.

감정 분리

감정 분리Emotional Isolation란 고통스러운 감정을 느끼지
않으려고 의식에서 감정을 억지로 몰아내는 것입니다.

예를 들어, 인간관계에서 크게 상처받았거나 대중 앞
에서 굴욕을 당했던 경험에 대해 타인과 대화하게 되었을
때 감정을 감추고 말하는 것입니다. 별것 아니고 이미 다 잊
은 것처럼 말이지요. 사실은 감당할 수 없는 감정을 분리시
켜 놓았을 뿐입니다.

퇴행

퇴행Regression은 초기의 발달단계로 후퇴하는 행동을 말합니다. 즉, 유아기 단계로 되돌아가 안주하려는 방어기제이죠. 이미 성장하여 그 성장단계를 지나왔음에도 불구하고 불안이 예상될 때 무의식적으로 이미 지나온 과거의 단계로 다시 돌아감으로써 예상되는 불안에서 벗어나려는 경향을 보입니다.

동생이 태어나자 다섯 살 된 첫째 아이가 갑자기 신생아처럼 행동하는 경우도 있습니다. 동생 젖병을 빼앗아서 물고 응애응애 우는 소리를 내고, 대소변을 못 가리기도 합니다. 과거의 발달 단계로 후퇴하는 거죠. 한편 가족의 관심을 받고 싶어서 우울하고 힘들면 방에 드러누워서 나오질 않는 어른도 있습니다. 원하는 관심을 얻을 때까지 시위를 하는 건데요. '퇴행'하는 어른들은 가까운 사람들을 지치게 합니다.

투사

전문가들이 말하는 가장 미성숙한 방어기제 중 하나가

바로 투사Projection입니다. 투사는 무의식적으로 모든 일의 원인을 남 탓으로 돌리고 다른 사람을 비난하고 책임을 떠넘기는 것을 말합니다. 과민 반응, 분노, 공격성, 편견, 질투 등 부정적인 모습들로부터 야기되는 불안을 잠재우기 위해 그러한 것들의 원인이 타인에게 있다는 식으로 투사하는 겁니다. 그래서 투사를 강한 방어기제로 쓰는 사람들은 자신의 문제를 제대로 들여다보지 못합니다.

바람을 피우고 있는 남편이 오히려 아내가 바람을 피우고 있다고 의심하는 것은, 남편이 자신의 행동을 아내에게 투사하고 있는 것입니다. '내로남불', '똥 묻은 개가 겨 묻은 개 나무란다' 등이 모두 여기에 해당됩니다. 모든 게 '당신 때문'이고, '환경 때문'이라고 말하며 '나는 책임지지 않아도 되고 무죄'라고 생각합니다. 죄의식에서 자유로워지려고 투사 행동을 하는 겁니다.

행동화

또 하나의 미성숙한 방어기제로 행동화Acting-Out가 있습니다. 무의식적인 소망이나 충동이 즉시 만족되지 않을 때 불만을 행동으로 표현하는 겁니다. 말 못 하는 아기들은 불만족스럽고 불편한 감정을 전달할 방법이 없죠. 스트레스를 풀 방법이 우는 것밖에 없습니다. 성인이 되었는데도 유아적 방어기제를 쓰는 사람들이 있어요.

부정적인 감정을 참거나, 말로 표현하지 않고, 욕하거나 주먹으로 벽을 치거나 소리를 지르거나, 심지어 때리는 것 모두 행동화입니다. 쉽게 짜증을 부리는 것 또한 행동화의 일종인데요. 스트레스를 받자마자 즉시 행동으로 감정을 분출하는 것은 무의식적인 반사행동에 해당되기 때문입니다. 운전을 하고 있는데 갑자기 차가 끼어들어서 부딪힐 뻔했을 때 욕이 튀어나오거나 짜증을 내는 것도 행동화의 사례입니다.

나를 자극한 외부 환경이 문제라고 자기 행동을 정당화하고 싶겠지만, 미성숙한 방어기제라는 걸 기억하면 행동을 멈추는 데 도움이 됩니다.

1부 더 이상 흔들리지 않기 위한 감정 공부

나를 건강하게 지켜주는 방어기제

지금까지 소개해드린 방어기제 중에 내가 사용하는 방어기제가 있었나요? 한두 개 정도는 사용해본 적이 있으셨을 겁니다. 이제는 아무리 힘들고 불편하더라도 나를 위해 '다른 선택'을 할 수 있어야 합니다. 계속 부정적 방어기제를 사용하다 보면 다양한 신경증으로 발전할 수 있기 때문입니다.

그런데 방어기제에는 건강한 방어기제도 있습니다. 바로 억제, 이타주의, 승화, 유머인데요. 이 네 가지 방어기제를 쓰면 나를 건강하게 지키고, 원만한 인간관계를 유지할 수 있습니다.

억제

'감정분리'와는 다른 긍정적인 '억제'를 말합니다. 불쾌한 생각과 감정을 의식적으로 다루는 능력입니다. 앞에서 살펴본 억압이 무의식적이라면, 억제는 의식적으로 내 감정을 관리하는 거예요. 방어기제 중 유일하게 의식에서 이루어지는 반응이죠.

예를 들어, 나를 괴롭히는 선배에게(전치 혹은 치환을 방어기제로 쓰는) 분노를 느끼지만, 그 감정을 억제하면서 업무에 필요한 지원을 이끌어내며 일을 합니다. 그래야 덜 스트레스 받으며 회사를 다닐 수 있으니까요. 미성숙한 방어기제를 가진 선배 때문에 내가 손해 봐서는 안 되므로, 크게 심호흡하면서 나를 위해서 참는 겁니다. 긍정적인 '감정 억제'인 거죠. 억제를 사용하기 위해서는 감정 공부를 하며 마음근육을 길러야 해요.

이타주의

이타주의Altruism는 타인을 돕는 행동을 함으로써 나의 불안을 잠재우고 만족감을 얻는 것을 말합니다. 빈민, 병자, 고아, 죽어가는 이들을 위해 평생 헌신한 테레사 수녀나 아프리카 오지에서 아픈 사람들을 돌보는 의료진들은 강한 이타주의를 갖고 있습니다.

이타주의는 나와 타인 모두에게 이득이 되는 성숙한

방어기제입니다. '내 도움이 필요한 사람이 누굴까? 어떻게 도울까?'에 대해 늘 생각하고 실천에 옮깁니다. 불편한 감정이나 생각 때문에 힘들어질 때 타인을 도움으로써 내 삶의 의미를 찾고 마음의 평안을 누리는 거예요. 이는 투사된 욕구가 아니라 실제 타인의 욕구를 충족시켜주는 것이기 때문에 투사 방어기제와는 다릅니다.

승화

욕구를 다른 방식으로 승화Sublimation시켜 표현하는 거예요. 프로이트의 에세이『레오나르도 다 빈치의 유년기 추억Eine Kindheitserimmerung des Leonardo da Vinci, 1910』은 성적인 충동을 과학 탐구와 예술적 창조행위로 승화하는 과정을 보여주는 흥미로운 책입니다.

제가 상담했던 18세 청소년은 화를 참지 못해 공격적이고 폭력적인 행태를 보여서 학교에서 많은 문제를 일으켰었습니다. 본인도 폭력 욕구를 조절하지 못하는 것에 대해 무척 괴로워했습니다. 그래서 분노와 폭력 성향을 다른 곳에 해소할 수 있도록 드럼 연주나 권투를 권했습니다. 승화

기제를 활용한 처방이었죠. 드럼을 배우기 시작하더니 크고 시원한 소리와 타격감에 매료되었습니다. 몇 달 동안 거의 매일 같이 드럼을 치자 폭력 충동도 점차 사그라들었습니다. 이제는 학교에서 밴드 리더를 맡아 공연 활동도 열심히 합니다. 승화는 나를 성장시키는 능률적이고 창조적인 방어기제입니다.

유머

개인적으로 가장 멋진 방어기제는 유머Humor라고 생각합니다. 불편한 상황을 웃음으로 이겨내는 겁니다. 고통스러운 상황에서도 최대한 좋은 반응을 선택한다면 유머가 최고입니다. 빅터 플랭클이 쓴 『죽음의 수용소』를 보면 아우슈비츠 수용소에서도 사람들이 웃습니다. 열심히 웃을 일을 찾습니다. 옹기종기 모여 앉아서 우스갯소리를 나누며 고통을 이겨냅니다. 매일 밤 하나씩, 재밌는 이야기를 만들어서 서로에게 들려주는 시간을 가지기도 했습니다. 주제는 '우리가 석방된 후에 벌어질 수 있는 재미있는 일들'이었어요. 그날을 상상하며 배꼽 잡고 웃었다는 거예요. 죽음의 한가운데에도 유머는 있었어요. 우리는 죽음의 수용소에 갇힌 것도 아닌데 웃지 못할 이유가 있을까요?

고통 속에서도, 나를 억압하는 현실 앞에서도 웃을 수 있는 능력이 내 안에 있습니다. 불편한 상황에서도 유머의 기술을 발휘하는 용기는 나를 지키는 방어기제입니다. 보는 사람들도 생각하게 됩니다.
'우와, 이 사람이 나보다 한 수 위! 고수구나!'

분노

부당함에서
나를 보호하는 힘

분노Anger를 정의하는 말은 매우 다양합니다. 일반적으로는 화가 나서 마음이 들끓는 괴로운 감정이라고 할 수 있죠. 심리학에서는 '욕망의 실현을 부정하거나 저지하는 것에 저항하는 결과로 생기는 감정', '자기 존재가 수용되지 않는다고 느낄 때 일어나는 감정' 등으로 정의합니다.

분노의 원인도 다양합니다. 목표를 이루지 못했을 때,

욕구가 방해받거나 좌절되었을 때 등등 개인마다 분노가 발생하는 상황도 다릅니다. 그중 대부분의 사람들이 공통적으로 경험하는 분노 상황은 자존감을 다쳤을 때입니다. 무시당하거나 존중받지 못하거나 공정하게 대우받지 못했다는 느낌이 들면 화가 나는 거죠. 이건 인지상정입니다.

우충완 성균관대 교수는 통증을 연구하는 학자입니다. 몇 년 전에는 엘리자베스 로진Elizabeth A. Reynolds Losin 마이애미대 심리학 교수, 토어 웨이거Tor D. Wager 다트머스대 신경과학 교수와 함께 심리 실험과 뇌과학 분석을 통해 차별을 당할 때 느끼는 고통의 정도 차이를 연구했고 그 결과가 〈네이처 인간행동Nature Human Behaviour〉에 실리기도 했습니다.

연구팀은 백인계 미국인 30명과 히스패닉계 미국인 30명, 아프리카계 미국인 28명을 상대로 열 통증 실험을 했습니다. 먼저 실험 참가자들이 느낀 차별의 수준을 판단하기 위해, 평소 겪었던 차별 빈도와 이에 대한 심리적 태도에 대해 설문조사를 했습니다.

그리고 각각의 실험 참가자에게 열 통증을 가했는데 실험 결과 흑인 참가자들은 차별에 민감할수록 같은 열을 가했을 때 더 큰 통증을 느끼는 것으로 나타났습니다. 차별에 민감하다는 것은 그만큼 차별 경험이 많았다는 뜻입니다.

오랫동안 미국에서는 흑인이 백인보다 고통을 더 잘 견딘다는 주장이 통설로 받아들여졌습니다. 오랜 세월 차별을 견뎌오면서 고통과 통증에 무뎌졌으니 고통을 잘 견디도록 진화했을 거라고 생각했죠. 그런데 이 실험을 통해 그 말은 완벽히 틀렸다는 걸 알 수 있었습니다.

통증은 신체를 보호하는 무척 중요한 기능이기 때문에 특정 부위가 관할하는 시각과 청각과 달리 모든 뇌 영역에서 통증을 담당한다고 합니다. 특히 흑인들은 고통을 느끼는 영역이 더 넓었습니다. 오랫동안 계속해서 고통받아서 무뎌진 게 아니라 더 예민해졌던 겁니다.

마찬가지로 공정한 대우를 받지 못해서, 무시당해서, 거절당해서 분노를 느꼈던 사람은 그와 조금이라도 비슷한 상황을 마주하면 매우 예민해지고 그 당시 느꼈던 감정이 증폭됩니다.

제가 기업 강의를 갈 때마다 직장에서 화나고 분노하게 되는 순간에 대해 설문하는데요. 그 결과를 순위대로 나열하면 다음과 같습니다.

1. 상사가 트집 잡을 때
2. 불합리한 대우를 받을 때
3. 억울하게 혼날 때
4. 무시하는 말을 들었을 때
5. 비교당할 때
6. 부당한 지시를 받고 따라야 할 때
7. 야근 등 초과 근무를 해야 할 때
8. 나의 능력에 대해 과소평가받을 때

'공정하지 못한 대우'를 받는 구체적 상황들이지요. 분노하게 될 때는 화라는 감정뿐만 아니라 비참함과 슬픔 같은 감정도 함께 나타납니다. 처지에 따라서는, 공정하지 못한 대우를 받고도 분노를 대놓고 표출할 수 없으니까요. 화나게 한 대상의 순위는 상사가 80퍼센트 이상이었고, 거래처, 협력사, 고객, 동기, 후배 순이었습니다. 상사든 동기든 후배든, 직장에서 맺은 인간관계에서는 분노 감정을 배출하기가 쉽지 않죠. 동기나 후배에게도 함부로 감정을 드러내지 못하고 대부분은 참게 됩니다. 요즘은 오히려 후배 눈치를 보는 선배가 받는 스트레스가 크다고도 해요.

가정에서도 분노를 느끼는 경우는 다양합니다. 요즘 30대 여성들이 남편에게 느끼는 분노의 원인 1순위는 뭘까요? 바로 '육아문제'였습니다. '남편이 돈을 낭비해서', '자식 교육에 신경을 쓰지 않아서', '가사 분담을 하지 않아서', '대화가 통하지 않아서', '무시하는 말을 해서'가 뒤를 이었어요. 남편들은 '잔소리가 심해서', '존중해주지 않아서', '섹스를 거부해서' 등이었습니다. 부모가 자식에게 분노하는 이유는 '부모 마음을 몰라줘서', '기대에 미치지 못해서' 등이었고, 자식이 부모에게 분노하는 이유는 '통제가 심해서', '자기 생각만 옳다고 강요해서' 등이었습니다. 가족끼리 느끼는 분노도 공통분모를 찾아보면 모두 '부당한 대우를 받

는' 느낌이라는 걸 알 수 있어요.

밖으로 표출하면 분노지만, 그 화살표가 나의 내면을 향하면 우울이 됩니다. 방치하면 화병이 됩니다. 화병을 만드는 분노는 대개 인간관계에서의 갈등에서 시작됩니다. 상사, 동료와의 갈등, 과다한 업무 성과에 대한 스트레스, 인사에 대한 불이익, 퇴출, 구조조정에 대한 불안감 등이 모두 화병의 원인이 되죠. 분노가 화병이 되는 걸 막으려면 이 감정을 해소해야 합니다.

분노가 일어날 때는, 본능적인 방어기제로 대응하지 말고, 잠시 멈추어야 합니다. 먼저 대화로 해결할 수 있는 상황인지 생각해보는 겁니다. 솔직한 내 감정과 소망을 상대에게 '부탁'의 말로 표현하면 나의 분노도 해소하고, 상대와의 관계도 회복할 수 있습니다. 하지만 좋은 말로 대화하기 어려운 상황이라면 어떻게 해야 할까요? '도망가기-숨 쉬기-내 감정 알아차리기' 전략을 써야 합니다.

너무 화가 나면 이성적으로 생각하기가 힘듭니다. 일

단 그 자리에서 벗어나야 합니다. 최소 3분 이상, 나를 화나게 한 사람과 장소에서 멀어지세요. 최대한 빨리 멀리 도망치세요. 호흡을 하며 화를 가라앉힌 후에 나의 마음에 집중하여, 내 마음에 집중하고 내 감정을 상세히 묘사해보세요. 분노에 자동반응하는 대신 자극과 반응 사이에 마음의 공간을 만들 수 있게 됩니다.

그리고 '방어기제' 편에서 다룬 건강한 방어기제들을 기억하세요. 분노를 건강하게 해소할 수 있게 됩니다. 남을 돕거나, 악기를 배우거나, 운동을 배우거나, 유머감각을 키우는 것 모두 분노를 해소하는 데 큰 도움이 됩니다.

저는 칼림바라는 악기도 배우기 시작했어요. '손가락 하프'라고도 불리는 아프리카 전통악기인데요. 소설책만큼 작은 크기의 악기를 튕기며 맑고 청아한 소리를 들으면 기분도 청량해집니다. 스트레스 해소, 분노 해소, 우울 극복에 도움이 되는 활동들이 다 비슷하지요? 무엇이든 일단 오늘 바로 시작해보세요.

무력감

게으른 게 아니라
늪에 빠졌을 뿐

우리는 위험을 지각하는 순간 불안을 느낍니다. 그래서 불안을 줄이기 위해 그 위험을 제거하려고 노력합니다. 위험 요소가 사라지면 불안감도 점차 사라지면서 평온한 마음을 되찾게 됩니다. 이렇게 긍정적 순환이 일어나는 것이 자연스러운 현상이죠.

그런데 무력감이 내 마음을 지배하고 있으면 '위험을

제거하는' 행동을 실행하지 못합니다. 위험 요소가 사라지지 않으니 불안은 더 커질 수밖에 없지요. 행동하기 싫은 게 아니라 행동으로 옮겨갈 힘이 없는 상태가 바로 무기력을 느끼는 상태입니다. 무력감은 우울감보다 더 위험합니다. '불안-무기력-자책'의 악순환이 반복되면 자기 효능감이 낮아지고 자포자기하는 마음의 늪에 빠져서 허우적거릴 힘조차 없어지거든요. 이 과정에서 부정적 생각도 자동으로 마구 솟아납니다.

'나는 왜 이렇게 게으를까?'

'나는 왜 이 모양일까?'

'난 구제불능이야.'

'여기서 벗어나지 못할 거야.'

직장에서 실수를 해서 크게 질책을 받았다거나, 믿었던 사람에게 배신을 당했다거나, 투자로 어마어마한 손해를 봤다거나, 건강이 갑자기 나빠졌다거나…. 그럴 만한 '큰 이유'가 있어서 무력감에 빠진 경우라면 오히려 자책이 덜합니다. 하지만 '별 이유'도 없이 무력감에 빠진 경우에는 심한 자책감에 시달리게 됩니다. 별로 힘든 것도 없으면서 무력감에 빠져버린 자신을 한심하다고 생각하는 동안 자존감은 바닥으로 추락하죠.

무력감은 어떤 일을 스스로 통제하는 것이 불가능할 때 경험하는 감정입니다. 무기력해지면 집중력이 떨어지고 기억력도 나빠집니다. 의욕이 사라지고 아무것도 하고 싶지 않으니 활동력도 떨어집니다. 이때 될 대로 되라고 나를 내버려두면 안 됩니다. 내 인생을 나 스스로 통제할 수 있다는 믿음, 즉 자기 통제감Perceived Control을 찾고 다시 일어서야 합니다.

내가 바꿀 수 없는 것에 집착하지 말고 외부 자극에 압도당하지 말고 나를 믿고 내가 갖고 있는 힘을 찾아내야 합니다. 내가 처한 상황을 마주하고 제대로 바라보아야 합니다. 그 힘은 누구에게나 있고 나에게도 있습니다. 내가 너무 힘들어서 보고 있지 못한 것뿐이에요.

그 믿음을 되찾고 싶을 때, 이 문장을 소리 내어 읽어보세요.

내가 그동안 많이 힘들었구나.

휴식과 충전이 필요했는데

몰라줘서 미안해.

게으르고 한심한 사람이라고 오해해서 미안해.

자책하지 말자.

내가 나를 응원하자. 나는 내가 참 좋다.

무력감이 만든 자책의 늪에서 나를 구출하고 싶은가요? 나를 빨리 구출해낼 수 있는 방법이 딱 한 가지 있습니다. 바로 '행동'입니다.

큰 행동을 하려고 하면 엄두가 안 나고, 두려움이 밀려오고, 마음이 먼저 지쳐서 자포자기의 늪에 빠지고 맙니다. 중요한 것은 '사소한 행동'부터 시작하는 것입니다.

욕심은 금물입니다. '집 대청소하기'가 제일 위험해요. 아마도 우울한 마음을 툴툴 털어버리기 위해 집 안의 먼지를 다 털어내고 완전히 새로 꾸미고 싶을 거예요. 하지만 그러다가 시작하기도 전에 지치고, 청소하는 중에 지치고, 중

도에 포기하기 쉽습니다. 또다시 죄책감만 깊어지죠. 욕심을 버리고 '지금, 바로, 내 힘으로, 내가 충분히 해낼 수 있는 사소한 행동'을 생각해보세요. 그리고 종이를 꺼내서 짧은 문장으로 쓰세요. 사소하지만 나에게 유익한 행동들이 정말 많다는 것을 깨닫게 됩니다. 이런 식으로 써보세요.

월요일: 침대 위만 정리하기

화요일: 책상 위만 정리하기

수요일: 속옷과 수건만 빨기

목요일: 식탁 위만 정리하기

금요일: 냉장고 야채박스만 정리하기

토요일: 냉장실 첫 번째 칸만 정리하기

매일: 일어나면 바로 창문 열고 환기하기.

　　　대화하면 좋은 감정이 생기는 사람과 짧게 통화하기

　　　기분 좋아지는 짧은 영상 한 편 보기

월요일에 침대 위만 정리하기로 했는데, 침대를 정리하고 나니 기분이 조금 좋아져서 화요일에 하기로 한 책상 위까지 정리하게 될 수도 있고, 그렇게 하나씩 당겨서 하다

　　　　　1부 더 이상 흔들리지 않기 위한 감정 공부

보면 할 수 있는 행동들이 더 많아지고 성취감이 쌓이면서 다음 행동을 유발할 수 있는 에너지가 만들어집니다.

이 방법은 무력감에 빠져 상담실을 찾은 사람들을 일으켜 세우는 데 큰 도움을 주었습니다. 내가 쉬는 공간인 집을 깨끗하게 정리하는 것은 마음이 정갈하게 정리되는 효과를 불러옵니다.

'나는 지금 내 마음을 깨끗하게 정리하고 있다.'

이렇게 생각하면 집 청소도 노동이 아닌 '마음 수양'의 효과를 창출할 수 있는 행동이 됩니다. 그런데 완벽주의자 성향이 있는 사람들은 실행이 느렸습니다. 완벽한 계획을 세우느라 시간을 너무 많이 소모했고, 사소한 행동 계획을 적어보는 것에 대해서는 불편한 마음을 가졌습니다. 빨리 큰 변화와 큰 성과를 내야 한다는 압박감을 느끼고 있었던 겁니다.

내가 원하는 이상적인 모습이 되고자 완벽한 계획을 세운 다음, 실행에 옮겨야 한다는 부담감은 '잘 해내지 못하면 어떡하지? 또 실패하면 어떡하지? 사람들을 실망시키면 어떡하지?'라는 불안으로 번지다가 결국 무력감이라는 늪 속에 나를 넘어트립니다.

좀 허술하면 어떻고, 좀 못하면 어때요? 이다음에 잘하면 됩니다. 계속하다 보면 잘하는 날이 옵니다. '누가 뭐라 해도 나는 내가 좋아.'라는 충만한 마음을 가지게 될 거예요.

꼭 기억하세요. 아주 작은 행동 하나입니다. 아주 작은 움직임이 당신을 살립니다.

1부 더 이상 흔들리지 않기 위한 감정 공부

우울

잘못된 가정과
추측에서 오는 두려움

저는 강박, 불안, 우울 때문에 오랜 시간 고생했어요.
그때는 내가 처한 환경 때문에 부정적인 감정이 만들어지
는 것이라고 생각했습니다. 바뀌지 않는 환경을 원망하기
도 했지요. 특히 지나간 과거의 일들은 바꿀 수도 없는데,
과거에 갇혀서 오늘을 망치는 날이 많았습니다.

그런데 '사고 오류(인지 오류)'를 알게 된 후에 제가 현실

과 사실을 받아들이는 과정에서 잘못된 판단을 하고 있다
는 걸 깨달았습니다. 내가 현실을 인지할 때 문제가 있었다
는 걸 알게 되니 스스로 해결할 수 있는 부분이 상당히 많아
졌습니다.

사람마다 과거 경험이 다르기 때문에 환경이나 사물을
인지하는 방식도 다 다릅니다. 저는 바다를 좋아합니다. 바
다를 바라보며 바닷바람을 맞고 바다 냄새를 맡으면 해방
감과 자유가 느껴집니다. 하지만 제 사촌 동생은 세상에서
바다를 가장 무서워해요. 어릴 때 해운대 해수욕장에서 놀
다가 익사할 뻔했거든요. 그 사고로 인해 바다가 죽음과 공
포로 인지된 거예요.

미국의 정신과 의사인 아론 벡Aaron Beck은 우울증과 다
양한 불안장애치료에 인지치료를 도입했는데, 잘못된 가정
과 추측에서 오는 '현실 왜곡' 때문에 우울감이 만들어질 수
있다고 주장합니다. 사고 오류가 잘못된 판단을 하게 만드
는 거지요. 그 사고 오류를 바로잡는 게 인지행동치료입니
다.

1부 더 이상 흔들리지 않기 위한 감정 공부

우울증을 앓는 사람들에게 주로 나타나는 '열 가지 사고 오류'를 살펴볼까요?

아마 이 책을 읽는 여러분에게도 한두 가지는 해당될 겁니다. 세 개 이상이 2주 이상 지속되는 상태라면 스스로 해결하기 어려우니 전문가의 도움을 받는 것이 좋습니다.

① 정서적 추론

과거에 힘들었고, 현재도 힘들기 때문에, 미래도 힘들 것이라고 판단하는 오류.

"이때까지 나는 되는 일이 없었어. 아무런 희망도 없어. 내일은 더 힘들어질 거야."

② 과도한 일반화

한두 가지 사건을 확대 해석해 무리한 결론을 내리는 것.

"두 번이나 시험에 떨어졌어. 나는 시험 운이 없는 사람이야."

③ 임의적 추론

비논리적이고 독단적으로 추론하는 것.

"전화를 안 받는 걸 보니, 일부러 나를 피하는 게 틀림없어!"

④ 이분법적 사고

흑 아니면 백, 모든 경험을 양극단 중 하나로 평가하는 것.

"남편이 올해 내 생일을 잊었어. 이제 평생 기억 못하겠지? 생일마다 나는 얼마나 외로울까?"

⑤ 극대화 극소화

어떤 일에 대해 너무 큰 의미를 부여하거나 과소평가하는 것.

"내가 실수한 걸 전무님이 아셨어. 난 이제 끝이야."

⑥ 파국화

부정적 사건이 비합리적으로 과장되어 최악의 결과를 가져올 것이라고 생각하는 인지왜곡 현상.

"바이러스 감염 환자가 늘고 있대. 지구 종말이 다가온 거야."

우울

⑦ 개인화

자신과 무관한 특정한 사건이나 상황을 자기와 결부시켜 해석함.

"우리 아이가 교통사고로 뇌 수술을 했어. 부모를 잘못 만나서 이런 불행이 일어난 거야."

⑧ 선택적 추상화

객관적인 근거 없이 어떤 일을 전체 맥락에서 보지 못하고, 부정적인 세부사항만 선택해서 전체를 부정적으로 인식하는 것. 다른 사람이 자신에 대해 부정적으로 생각할 것이라고 단정 짓고 확신해버리는 것.

"(많은 사람들 앞에서 발표를 했을 때, 대부분 긍정적인 반응을 했음에도 불구하고) 두 사람은 내 발표에 집중하지 않고 핸드폰만 보고 있더라고. 오늘 발표는 실패한 거야."

⑨ 잘못된 명명

과도한 일반화의 극단적 형태로, 자신의 오류나 불완전함을 근거로 자신을 '실패자'라고 규정하는 것. 앞으로도 자신이 실패자로 행동할 것이라고 예측하며, 실제 상황에서도 실패자처럼 행동하는 것.

"내가 투자한 회사의 주식이 폭락했어. 내가 손대면 다 망해. 나는 되는 게 하나도 없는 인간이야."

⑩ 긍정격하

자신의 긍정적인 경험이나 능력을 객관적으로 보지 않고 낮추어 평가하는 것.

"이번에 시험을 잘 본 건, 그저 운이 좋았을 뿐이야."

어떤가요? 여러분은 몇 개 항목에 체크를 했나요? 저는 우울증과 무기력이 심해서 불면증으로 고생할 때 다섯 개나 해당하더라고요. 그때 '아, 내가 현실을 왜곡하고 있구나. 인지 오류가 잘못된 판단을 하게 만들어서 이토록 우울하고 무기력했던 거구나.' 하며 나를 돌아보게 됐습니다. 이후 사고 오류를 바로잡는 연습을 꾸준히 했습니다.

우선 자신의 문제를 자각하는 게 중요합니다. 내 환경이 나를 우울하게 만드는 게 아니라, 내가 현실을 왜곡해서 받아들이고 있다는 사실을 알아차린다면 우울한 일상도 변할 겁니다.

사고 오류 항목 열 개 중에 세 개 이상 해당된다면, 사고 오류를 바로 잡는 연습, 생각을 긍정적으로 바꾸는 연습을 해야 합니다. 저는 해당하는 항목에, 제가 자주 범했던 사고 오류의 예를 쓰고, 그걸 바로잡는 연습을 했어요. 객관적으로 바라보고, 긍정적으로 해석하는 연습을 했습니다. 사고 오류를 극복하고 긍정사고로 전환하는 방법은 2부에서 더 자세히 알려드리겠습니다.

불안

과거의 불쾌함과
미래의 막연함이 낳은 감정

불안은 마음이 보내는 막연한 감정이어서 상당히 불편
한데도 제거하기가 어렵습니다. 불안에 떨며 걱정하는 시
간은 현재를 죽이는, 죽은 시간입니다. 사주를 보고, 타로점
을 보고, 오늘의 운세를 보는 것도 불안 때문입니다.

미국의 심리학자 어니 J. 젤린스키Earnie J. Zelinski의 연구
에 따르면 내가 걱정하는 일의 96퍼센트는 일어나지 않을

일입니다. 나머지 4퍼센트만이 걱정하고 대비해야 대처할 수 있는 진짜 사건입니다. 대부분의 걱정은 쓸데없는 불안에서 비롯된 것이에요. 진짜 사건에 대해 에너지를 집중해서 대응할 수 있도록 96퍼센트의 쓸데없는 걱정을 버려야 합니다.

저의 핵심감정 중 하나는 불안입니다. 초등학교 때는 발표 불안이 있었습니다. 'ㅅ(시옷)' 발음이 안 돼서 친구들의 놀림감이 되었기 때문에 사람들 앞에서 말하는 게 두려웠어요. 발음을 고쳐보려고 볼펜을 입에 물고 책 읽는 연습을 얼마나 했던지 입가에 피멍이 들기도 했습니다. 발음이 교정된 후에도 아이들의 놀림은 한참 동안 이어졌고, 많은 사람들 앞에서 발표를 하게 될 상황이 오면 불안한 감정이 밀려왔어요. 놀림을 받을 때 느꼈던 수치심이 너무 컸던 것 같아요. 성인이 되어서도 대중 앞에서 말하는 것에 대한 불안은 별로 나아지지 않았어요. 청중의 반응에도 너무 예민하게 신경을 쓰고, 반응이 조금만 좋지 않은 것 같으면 실망감과 좌절감이 들어 불안은 더 커졌습니다.

특히 잘하고 싶고, 좋은 결과를 얻고 싶은데, 그 결과에 대한 자신이 없고 두려움이 클 때 불안이라는 감정도 커졌습니다. 하지만 심리학 공부를 하면서 나의 핵심감정을 알아차리고, 이 감정이 생기게 된 과거의 경험과 마주하고 나자 핵심감정으로 인한 나의 행동 패턴 고리를 끊을 수 있었습니다.

불안한 감정도 좋은 에너지로 전환해서 쓸 수 있습니다. 적당한 불안은 결과의 두려움을 없애기 위해서 더 노력하고 대비하게 만드는 이점이 있습니다. 시험을 앞둔 사람은 시험을 망쳤을 때 겪게 될 손해나 패배감을 상상하면 불안해질 겁니다. 그래서 최선을 다해 공부를 합니다. 가족 중에 암 투병을 한 사람이 있으면 건강에 대한 염려증이 생겨서 불안합니다. 그래서 건강 검진을 자주 하고, 평소에 건강을 챙기게 됩니다. 저도 '발표를 망쳐서 수치심을 느끼게 되면 어떡하지?' 하는 두려운 마음을 없애려고 연습, 또 연습한 덕분에 지금은 대중 강연과 생방송 강연을 하면서도 떨지 않고 말하는 사람이 되었습니다.

불안은 얼마든지 좋은 에너지로 바꿀 수 있습니다.

적당한 불안은 동기부여의 힘이 됩니다.

발표, 시험, 경기를 앞두고 눈앞이 하얘지는 불안을 느낄 때 긴급 처방을 실시해야 합니다. 변증법적 행동치료 Dialectical Behavioral Therapy(DBT)를 구체적으로 실행하는 겁니다. 변증법적 행동치료는 스스로 감정을 조절하여 처리할 수 있도록 돕는 치료법입니다.

저는 발표 불안이 엄습해와서 눈앞이 깜깜해지고 머리가 하얘지고, 준비한 것들이 기억나지 않을 때를 대비해 이렇게 연습했어요. 시각, 촉각, 후각, 미각, 청각이 다른 감각을 느낄 수 있도록 분위기를 바꾸는 연습을 하는 겁니다. 불안과 걱정은 과거의 경험에서 비롯된 무의식에서 스멀스멀 올라오는 겁니다. 현재의 나, 현재의 공간으로 나의 감각들을 집중시켜보세요.

• 시각 - 내가 있는 공간과 친해지기 위해 눈으로 하나하나 자세히 살펴봅니다.

• 촉각 - 내 손의 감각을 느껴봅니다. 손바닥을 싹싹 비벼보기도 하고, 양손의 손가락 끝을 붙이고 탁탁 마

주쳐봅니다.

- 후각 – 숨을 쉬어요. 3초간 숨을 크게 코로 들이마시고, 입으로 천천히 내쉬기를 3~4회 반복합니다.

- 미각 – 내가 좋아하는 차를 천천히 마셔요. 따뜻한 차가 도움이 됩니다.

- 청각 – 내가 좋아하는 음악을 들어요. 나를 응원해줄 수 있는 사람에게 전화를 걸어서 목소리를 들어요.

'건강하지 못한 불안'의 원인을 파악하고, 건강한 반응을 선택하는 연습을 해야 합니다. 불안을 없애버리려고 너무 애쓰다 보면 더 불안해집니다. 불안에 압도되지 않고 스스로 통제하는 연습을 해야 합니다. 불안의 원인과 행동으로 옮겨가는 패턴을 이해할 수 있으면, 불안이 비합리적인 수준으로 심해지는 것을 막을 수 있습니다.

막연한 불안감은 눈에 보이지 않기 때문에, 눈에 보이

는 '글자'로 표현해보는 게 중요합니다. 감정의 실체를 '명확하고 확실하게' 묘사하면 고통은 멈춥니다.

불안 치료

나의 감정을 인지하고, 그 감정을 느끼게 된 최초의 상황을 떠올려보세요. 그 감정이 최고조에 이르렀던 때도 기억해보세요. '핵심감정을 자각하는 연습'에서 했던 질문들에 다시 한번 답해보세요.

✦ 나의 감정 알아차리기.

불안

_____

_____

✦ 불안한 감정을 느끼게 된 최초의 상황을 떠올려보세요.

_____

_____

_____

_____

✦ 불안이 최고조에 이르렀던 때의 상황을 묘사해보세요.

_____

_____

_____

_____

✦ 평가하기 불안이 문제 해결에 도움이 되었나요?

_____

_____

_____

_____

✦ 평가하기 지금 내가 느끼는 불안은 나의 건강한 삶에 도움을 주고 있나요?

_____

_____

_____

_____

♦ 평가하기 지금 내가 느끼는 불안, 걱정은 미래에 일어날 문제에
대처할 수 있는 4퍼센트에 속하나요?

_____

_____

_____

_____

분리불안

혼자가 두려운
마음

저는 아버지를 좋아해서 많이 믿고 의지했습니다. 아버지는 나에게 가장 힘이 되어주는 사람이었습니다. 그런 아버지가 갑자기 돌아가셨을 때 저는 심각한 우울증에 빠졌습니다. 나와 심리적으로 가장 가까웠던 존재가 하루아침에 사라지자 두려움과 불안이 엄습해왔어요. 그때가 처음은 아니었습니다.

아버지가 처음 위암 진단을 받고 수술을 하셨을 때 저는 만 네 살 정도였습니다. 어머니가 간병을 하셔야 했기 때문에 저는 외가에, 언니와 오빠는 친가에 맡겨졌죠. 저는 해가 지고 날이 어둑해지는 시간이 지금도 싫습니다. 그때 해질 녘마다 '엄마는 오늘도 나를 데리러 안 오는 걸까? 아빠는 죽은 게 아닐까?' 하며 울었습니다. 두려움과 공포가 함께 밀려와서 울음이 터졌습니다. 어릴 적이었고 6개월간의 이별이었는데도, 지금도 선명하게 그 당시의 기억이 납니다.

그 후로는 해 질 녘 어두워지는 하늘만 봐도 가슴이 서늘해지면서 버려진 기분이 듭니다. 누군가가 나를 데리러 오지 않을까 봐 불안한 기분이 밀려와서 저를 힘들게 했습니다. 분리불안이 생긴 것이었어요. 이런 두려움이 아버지의 죽음을 기점으로 더욱 강화되었습니다.

분리불안은 부모에게서 떨어지지 않으려고 하는 아동기에 나타나는 것으로 흔히 알려져 있지만, 성인 분리불안증도 있습니다. 어떤 사람은 배우자나 아이들과 단 하룻밤만 떨어지는 것도 견디지 못하고, 온갖 위험한 사건 사고를 상상하며 자신을 괴롭힙니다. 분리불안은 공황발작의 원인이 될 수도 있습니다. 자기가 사랑하는 사람이 나에겐 온 세상인데 그걸 잃어버린다면 엄청난 공포감이 들 테니까요. 정서성이 높고 감정이 예민해서 이런 감정을 느끼는 것인데 이 또한 요인을 찾아내 노력하면 감정을 잘 관리할 수 있습니다.

저는 그 후로 저의 두려움을 숨기기 위해서 더욱 강한 척, 센 척을 많이 했어요. 일도 잘 해내려고 엄청나게 노력했어요. 주변에서 일중독이라며 걱정할 만큼 쉬지 않았습니다. 잠시라도 쉬고 있을 땐 죄책감을 느꼈어요. 주변 사람들이 나를 떠날까 봐 불안한 마음이 생겼습니다.

'더 열심히 일하고 공부해야 해. 더 강한 모습을 보여줘야 해. 더 능력 있는 사람이 되어야 해. 아버지의 빈자리를 채울 만큼 스스로 강해져야 해.'

이렇게 저를 압박했습니다.

아버지는 나를 버리고 떠난 존재라고 인식하고 있었기 때문에 '남자 = 나를 버리고 떠날 존재'로 인식하는 두려운 마음도 가지게 되었던 것 같습니다. 사고 오류가 모든 관계에 '과도한 일반화'를 적용하고 있었던 겁니다. 누군가 나에게 아주 가까이 다가오면, 무섭고 불안한 마음이 저를 한 발 뒤로 물러나게 만들었지요. 이러한 마음은 대인관계를 할 때 불쑥 나타나서 저를 괴롭히고 있었습니다. 훗날 독일에서 심리 상담 수련을 받게 되었을 때 지도교수님이 제게 '아버지 없는 딸 증후군Fatherless Daughter Syndrome'이라고 하더군요. 아버지를 잃은 슬픔과 상실감을 채우려고 지치도록 일하고 성과를 내는 것에 매달리고 있다고요.

두려움의 실체를 마주하고 나서는 스스로 치유하기 위해서 제 마음을 깊이 들여다보기 시작했습니다. 먼저 분리불안으로부터 해방될 필요가 있었습니다. 분리불안증을 가진 사람은 애착 대상으로부터 분리되거나 분리될 것 같은 느낌이 들 때 일상생활을 위협할 정도로 심한 두려움을 느낍니다. 의존하는 성향이 강할수록 불안과 두려움은 더 커집니다. 평생 나타나는 분리불안 증세의 45퍼센트는 유년기 이전의 발현과 상관없이 성인기에 나타납니다.

분리불안이 심한 성인은 연애를 할 경우엔 애인이 변심할까 봐 의심이 많아지고, 결혼한 후에는 배우자의 외도를 감시하는 데 촉각이 곤두서 있어서 갈등이 많이 생길 수 있습니다. 자녀가 있는 경우엔 부모로서 지나치게 엄격한 성향을 보이기도 합니다. 아이와 정서적·물리적으로 지나치게 밀착되어 있으려 하는 것이죠.

지도교수님은 제 이야기를 모두 듣고 나서 제게 이렇게 말했습니다.

"영원히 사는 사람이 있나요?"
"없어요."
"그러면 남은 가족들은 다 버려진 건가요?"
"그건 아니지요."
"영원히 지지 않는 생생한 꽃이 있나요?"
"없어요."
"세상의 모든 인연은 영원히 지속되나요?"
"아니오⋯."
"만나면 헤어지는 게 이치입니다. 인연은 생명과 같아

서 소멸하는 시기가 옵니다. 인연이 끝날 때 '버려졌다'고 생각하는 인지 오류를 바로잡아야 합니다. 때가 되어서 이별한 겁니다. 당신을 사랑하고, 당신이 손을 뻗으면 달려와줄 사람들을 기억하세요. 당신의 두려운 마음이 그들이 당신 곁에 다가오는 걸 미리 차단하고 있진 않나요?"

나에게 다가오는 좋은 사람들을 '앞으로 나를 떠날 사람'으로 단정짓고 차단한 건 나 자신이었습니다. 나를 진심으로 사랑하는 사람들은 내가 강하고, 능력이 있어서 사랑하는 게 아니었습니다. 나를 힘들게 한 건 타인이 아니라 나의 불안과 두려움이었습니다.

불안과 두려움의 실체를 정면으로 마주하는 데는 용기가 필요했습니다. 나의 문제를 자각하고, 인지 오류를 바로잡는 연습을 꾸준히 하면서 저는 많이 회복될 수 있었습니다. 상담을 받는 것도 도움이 되지만 스스로 나의 문제를 깨달을 수만 있다면 나의 힘으로도 극복해낼 수 있습니다.

열
등
감

피해의식이 만든
착각

오스트리아의 정신의학자 알프레드 아들러는 인간은 자기 안에 있는 열등한 요소를 인정하지 않으려는 경향이 있는데, 그것이 억압되어 일종의 콤플렉스가 만들어진다고 했습니다. 아들러는 열등감의 증후를 크게 공격적 성향과 후퇴적 성향으로 나누었습니다.

공격적 성향은 열등감을 바탕으로 만들어진 과도한 행

동을 말합니다. 열등감을 감추기 위해 자신이 실패한 목표가 사실 별로 중요한 게 아니었다고 평가절하하고, 자신이 달성한 성과에 대해서는 아무나 할 수 없는 무척 어려운 일이었다고 과대평가를 하죠. 허풍, 과장된 자랑, 호언장담 등의 행동을 보이는 겁니다.

후퇴적 성향은 자신이 열등하다는 생각에 사로잡혀 타인으로부터 상처를 받을까 봐 자신을 보호하려는 행동을 말합니다. 실패할 것 같은 일을 피하고 조직의 요구 사항에 대해서도 방어적인 태도를 취합니다. 폐쇄적이고 쉽게 낙담하고 두려워하며 소심한 행동을 보입니다.

이렇게 열등감은 자기 과시를 낳기도 하고 자기 혐오를 낳기도 합니다. 당연히 다른 사람과 비교하는 습관도 가지게 만듭니다.

열등감을 드러내는 사람은 마음 한편에 강한 우월감을 느끼고 있기도 합니다. 자아도취되어 사람을 우습게 보는 사람의 마음속엔 남에게 숨기고 싶은 열등감이 있다고 보면 됩니다.

열등감 때문에 자기 부정의 덫에 걸려 '나는 잘난 게 없어'라고 생각하는 사람은 자신에게 가장 친밀한 사람(가족)이 조금만 심기를 건드려도 폭발적으로 화를 냅니다. 자기 부정Self-Negation은 자신이 세운 높은 목표를 이루지 못해 자기 자신에게 화가 날 때 느끼는 감정입니다. 이때 스스로 분노를 해소하지 못하면 그 분노를 외부로 발산합니다.

상담을 온 신혼부부의 사례입니다. 아내는 남편이 시도 때도 없이 화를 내서 못 견디겠다고 했고, 남편은 아내의 말투가 자신을 무시하는 듯해서 화가 난다고 했습니다.

상담을 진행하면서 남편의 핵심감정은 열등감이라는 것을 알게 되었습니다. 쌍둥이 형이 있는데, 초·중·고 모두 같은 학교를 다녔고, 형이 공부를 더 잘해서 자주 비교 대상이 되었다는 거예요. 노골적으로 형제의 성적 차이를 비교하는 사람도 있었지만, 사람들이 비교하지 않아도 스스로 주눅이 들었습니다. 부모님도 티를 안 내려고 노력했지만,

형을 더 자주 칭찬했고, 자신은 부모님의 인정을 받지 못했다는 서운함이 내면에 자리 잡고 있었습니다.

열등하게 느껴지는 자신에게 화가 나서 형을 미워했고 자연스럽게 사이도 멀어질 수밖에 없었습니다. 성장기 때 겪은 마음의 상처가 열등감이 되고 그것이 핵심감정이 되어버린 겁니다. 회사에서도 입사 동기들의 성과에 지나치게 민감하게 반응했습니다. 동기들이 윗분에게 칭찬받는 경우, 자신과 비교되어서 지적받는 느낌이 들고 무능함을 들킨 것만 같아 크게 좌절했습니다.

밖에서는 그런 감정을 전혀 티 내지 않고 쿨한 사람이라는 가면을 쓴 채 잘 지냈지만, 집에서는 열등감을 자극하는 상황이 조금이라도 생기면 민감하게 반응했습니다. 같은 대학을 나왔으나, 아내는 남편보다 승진이 빨랐고 연봉도 높았습니다. 아내와 작은 갈등이 생길 때마다 열등감은 당장 폭발할 준비 태세를 갖추고 있었던 거지요.

우리가 꼭 기억해야 할 것이 있습니다. 아들러는 열등

감을 매우 정상적인 감정이며 성장을 위한 필수 요소라고 말하며 열등감의 긍정적 측면을 강조했습니다. 열등감을 추진력 삼아 자신의 모자란 점을 채우려 하면서 더 성장하고 자기 실현을 이룰 수 있다는 겁니다.

열등감을 잘 이용하면 비교 대상보다 더 성장해 있는 나를 발견할 수도 있습니다. 열등감을 느낀다고 해서 열등한 것이 아니라 남들과 비교하며 절망에 빠져 있는 사람이 열등한 겁니다. 나의 결핍을 있는 그대로 수용하고, 내가 나를 키우고자 좀 더 노력하면 됩니다.

〈토끼와 거북이〉 이야기 아시죠? 토끼와 거북이 중 누가 이겼나요? 거북이죠. 그런데 저는 어릴 때, 거북이의 마음이 신기하다고 생각했어요. 만약 여러분이 거북이라면 경주에 참가할 건가요? 저는 참가하지 않고 주최 측에 항의할 겁니다. "나는 느리고 토끼는 엄청 빠르니 내가 질 게 뻔한데 이런 경기를 연다고요? 이건 불공정한 경쟁이잖아요. 지금 장난합니까?"라고 말했을 것 같아요. 그런데 이런 반응은 인생의 발목을 잡는 열등감의 민낯이기도 합니다.

거북이가 토끼를 이긴 이유는 열등감이 없었기 때문입니다. 열등감이 없기 때문에 상대와 나를 비교하지 않았습니다. 그래서 "너, 토끼랑 경주할래?"라고 했을 때도 거북이는 "그래. 해보자."라고 답했던 거죠. 토끼보다 못할 거라는 생각을 안 하니까 출발선에 설 수 있었던 거예요.

제가 상담실에서 만났던, 열등감이 많은 사람들은 출발선에 서지 않으려고 해요. 이유가 많아요. 불만이 많아요. 두렵기 때문입니다.

중간에 토끼가 낮잠을 잤죠? 열등감이 심한 거북이였다면 이렇게 생각했을 겁니다. '어, 이 자식 자네. 얘는 출발선부터 나보다 유리하더니 이제는 중간에 이렇게 편하게 쉬기까지 하네. 나는 다리가 터질 것 같고 숨이 찬데…. 나도 좀 쉬었다 갈까?' 그런데 우화 속 거북이는 그때도 토끼가 자건 말건 앞만 보고 갑니다.

이유가 무엇일까요? 열등감이 없는 사람은 옆 사람과 나를 비교하지 않습니다. 거북이도 내가 토끼처럼 잘 달리지 못한다는 사실을 잘 알고 있었을 겁니다. 하지만 끈기 있게 끝까지 해내는 건 자신 있으니까 도전을 해본 거죠. 토끼가 자건 말건 자신의 목표만을 향해 직진했습니다.

열등감에서 벗어나고 싶다면 '나는 평범한 사람'이라는 사실을 인정해야 합니다. 자의식 과잉에서 벗어나 내가 모든 걸 잘할 수는 없다는 진리를 받아들이고 내가 잘 해낼 수 있는 일과 목표만 생각하며 차근차근 최선을 다하면 됩니다.

열등감은 나쁜 감정이 아닙니다. 이 감정을 어떻게 다루느냐에 따라 내 인생에 무한한 에너지가 되기도 하고, 실패의 원인이 되기도 합니다. 열등감을 건강한 에너지로 전환해서 쓰는 능력을 키우면 됩니다. 나에게 어떤 열등감이 있는지 한번 써보세요.

바로 지금 쓰신 열등감에 대한 기록이 나를 성장시키는 가장 강력한 에너지가 되어줄 것입니다.

공
포

학습된
무서운 감정

공포증은 일반적으로 특정 상황이나 자극에 대해서 즉
각적으로 일어나는 반응을 뜻합니다. 공포심은 인간이 가
진 타고난 감정이기도 하지만 대부분 학습됩니다. 특히 어
렸을 때 겪었던 어떤 경험이 공포의 요인이 되곤 하는데요.
약 여섯 살 이전에 양육자가 공포를 행동으로 표현하는 것
을 보고 공포 감정을 습득하는 경우가 가장 많습니다.

저는 크든 작든 동물이 제게 다가오면 공포심을 느낍니다. 하지만 멀리서 보는 건 좋아하고, 반려동물이 나오는 TV프로그램을 즐겨 봅니다. 너무 예뻐서 만져보고 싶은 마음도 들고 직접 키우고 싶은 생각도 들어요. 그런데 실제로 보면 본능적으로 공포를 느낍니다.

저는 유치원에 들어가기 전까지, 엄마 껌딱지라고 할 만큼 24시간 엄마 곁에 붙어 있었어요. 그래서 식성, 취미, 취향 모두 비슷하죠. 저희 어머니는 동물을 아주 무서워해서 강아지가 곁에 다가오기만 해도 놀라서 줄행랑을 칩니다. 제가 아주 어릴 때부터 강아지나 고양이를 보면 "상미야, 피해! 절대로 만지지 마!"라고 소리치셨어요. 저는 그 말에 놀라 기겁을 하며 달아났죠.

6세 미만의 아이들은 처음 보는 사물이나 동물을 만났을 때 양육자의 얼굴을 먼저 바라봅니다. 예컨대, 공원에서 엄마와 아이가 놀고 있는데 개가 다가오면 아이는 엄마의 표정을 먼저 살핀다는 거죠. 엄마가 "아이, 예뻐! 귀엽네." 하는 반응을 보이면 아이는 개가 친근한 동물이라고 인식

합니다. 그런데 엄마가 깜짝 놀라며 공포에 질린 반응을 보이면 아이는 엄마의 표정과 행동을 습득합니다. '개는 무서워! 위험해. 피해야 돼!'라는 생각부터 하게 되죠.

우리는 어릴 때부터 양육자의 행동 패턴을 거울처럼 따라 하고 본능적으로 배웁니다. 부모의 행동 패턴을 습득하여, 뇌의 신경세포인 뉴런에 저장합니다. 공포라는 감정은 이렇게 습득된 행동에서 비롯됐다는 걸 인지한다면, 공포 반응을 조절할 수 있습니다.

한편, 트라우마로 인해서 공포가 학습되는 경우도 있습니다. 공포를 핵심감정으로 갖고 있는 사람들은 '이러다 내가 죽을 수도 있다'는 감정이 마음 한가운데 자리 잡고 있습니다. 어린 시절에 겪은 어떤 경험으로 인해 '모든 것이 끝장날 것만 같은 느낌'이 드는 겁니다.

가정에서는 부모에 대한 무서움, 복수심, 적개심 그리고 강한 죄책감을 동시에 갖습니다. 회사에서나 학교에서도 실패하면 끝이라는 절박함 때문에 엄청난 집중력을 발휘하지만 한편으론 압박감, 실패에 대한 공포와 좌절감으로 괴로워합니다. 타인에 대해서도 민감하게 반응하고 일을 하고 공부를 할 때도 결과적으로 너무 큰 압박감 때문에 능력을 보여주지 못합니다.

제가 독일에서 상담했던 내담자는 한국인 입양인이었는데, 지하 강의실에서 수업이 있는 날은 아예 결석을 한다고 했습니다. '지하에 가면 곰팡이 냄새가 날 거야.'라고 생각하는 순간, 호흡곤란이 온다는 거예요. 이 친구는 생후 24개월 때 독일로 입양을 갔는데, 캄캄하고 시큼한 냄새가 나는 방에서 혼자 울다가 엄마를 찾아서 계단을 기어올랐던 기억이 지금도 난다고 했습니다.

막연하게 기억에 남아 있는 지하 계단의 모습, 그리고 지하실의 냄새 때문에 공포감이 생긴다는 사실을 양부모님께 털어놓았더니 이런 이야기를 해주셨다고 합니다.

"너를 입양할 때, 지하 단칸방에서 어린 엄마가 너를 혼자 키우느라 고생했다는 얘길 들었어. 네 살밖에 안 된 너를 혼자 두고 일하러 다니는 게 너무 위험해서, 너희 엄마가 입양을 보내기로 결심해서 우리와 만나게 된 거란다."

어떤 냄새를 맡았을 때 과거의 어떤 장면이 떠올랐던 경험 다들 있으실 거예요. 프랑스 작가 마르셀 프루스트Marcel Proust의 《잃어버린 시간을 찾아서la recherche du temps perdu, Swann's Way》를 보면 홍차를 적신 마들렌의 향기를 맡는 순간 유년을 보낸 콩브레에서의 아련한 추억들이 한꺼번에 떠오르는 장면이 나옵니다. 그래서 이를 '프루스트 현상Proust Phenomenon'이라고 부르기도 하죠. 록펠러 대학의 연구에 따르면 우리가 단기적으로 기억하는 감각 비율은 촉각 1퍼센트, 청각 2퍼센트, 시각 5퍼센트, 미각 15퍼센트, 후각 35퍼센트라고 합니다. 매일 생성되는 모든 감정의 75퍼센트가 냄새로 인한 것이라는 연구도 있습니다.

후각이 감정과 가장 가까운 감각이어서 그렇습니다. 시각, 청각, 촉각, 미각과 다르게 후각은 감각을 통해 얻은 정보를 간뇌의 시상을 거치지 않고 곧바로 대뇌로 전달하는데, 여기엔 기억과 감정에 관여하는 해마와 편도체가 연결되어 있습니다.

그 친구의 경우, 지하 단칸방의 냄새가 공포 기억으로 저장되면서 비슷한 냄새만 맡아도 계속해서 공포증을 느껴 왔던 겁니다. 냄새로 인한 공포 등 부정적인 감정이 밀려올 때 바로 깊은 숨을 쉬면 도움이 됩니다. 코로 숨을 깊게 들이쉬고 입으로 뱉으면 후각을 통해 호흡 리듬이 변연계와 변연계 앞 전전두엽에 전달돼 감정을 조절할 수 있어요.

그 친구에게 지하의 냄새는 '외로움', '버려지는 것에 대한 공포'로 학습되어 있었습니다. 내면에 해결되지 않은, 울고 있는 '내면아이'와 대화하면서 충분히 공감하는 과정을 거치자 공포증이 서서히 사그라들었습니다.

"다 지나간 과거의 일이다."

"그 시련을 잘 이겨내고 성장하고 있다. 현재의 삶이 기쁘고 의미 있다."

"가족들과 행복하게 살고 있는 현실이 감사하다."

호흡하기와 매일매일 감사할 일 찾기 요법을 꾸준히 실천하면 마음의 공포심을 다스릴 수 있습니다.

유능감

나를 무한대로 키우는
성장욕구

사람은 누구나 내가 쓸모 있는 사람이길 바랍니다. 또 어떤 일을 맡든 해낼 수 있다는 자신감을 갖고 싶어 합니다. 이런 삼성을 유능감이라고 합니다. 이 감정은 열등감을 이겨내는 데 큰 힘이 됩니다.

여기에 세 가지 무기가 있으면 좋은데 바로 오기, 끈기, 믿음입니다. 끈기(쉽게 단념하지 않고 끈질기게 견디는 마음)와 오기(포기하거나 지는 것을 싫어하는 마음)를 가지고 나 자신을 믿으면 열등감을 극복할 수 있습니다. 근면성으로 열등감을 털어내고, 유능감으로 자존감을 채우는 겁니다.

저는 교도소나 소년원의 재소자 교육을 할 때 반드시 '유능감 찾기' 훈련을 합니다. 재소자들을 교육하러 오는 사람들 대부분은 반성을 끌어내려고 합니다. 과거의 잘못을 상기시키고 얼마나 잘못된 행동이었는지 생각하며 반성의 글을 써보라고 강요합니다. 이미 형을 받고 수감되어 있는 사람에게 과거를 곱씹게 하는 건 도움이 되지 않습니다. 오히려 반항심이 생겨요.

저는 재소자 강의를 할 때마다 "앞으로의 꿈을 말해보세요." "어떻게 살고 싶어요?" "내가 자신 있게 할 수 있는 일은 무엇일까요?" 등의 말로 긍정적인 자극을 주면서 유능감을 끌어내기 위해 노력했습니다. 그러면 그들도 미래가 나아질 수 있다는 희망을 갖고 절망에서 벗어나기 위해 애씁니다. 그리고 저는 그들이 겪은 놀라운 변화를 수도 없이 목격했습니다.

저는 삼남매 중에 가장 키가 작아요. 언니, 오빠는 키가 크고 외모가 출중하다는 소리를 들으며 자랐습니다. 덕분에 저는 어릴 때부터 언니 앞에만 서면 기가 죽었죠. 제 눈에 언니는 완벽했어요. 언니는 공부도 잘하고 운동도 잘했어요. 저는 공부보다는 소설과 영화에 빠져 사는 '문제아'였죠. 성격도 다르고 얼굴도 안 닮아서, 언니가 초·중·고 선배였는데도 선생님들은 우리가 자매인 걸 몰랐어요. 저도 숨겼지요. 어쩌다 들통이 나면 이렇게 노골적으로 말하는 선생님들도 있었어요.

"네가 선미 동생이라고? 엄마가 똑같은 거 먹일 텐데 넌 왜 크다 말았냐? 넌 반에서 몇 등이냐?"

"너는 공부도 못하는 애가 쓸데없이 소설 나부랭이만 읽냐? 언니 좀 닮아라."

헤헤 웃으며 도망쳤지만 속으론 늘 울었습니다. 언니는 자기 관리가 철저했고, 저는 늘 실수투성이였으니 열등감이 생길 수밖에 없었죠. 그런데 아버지가 저의 유능감을 키워주셨어요. 사람들이 언니와 저를 성적과 외모로 비교할 때마다 이렇게 말씀하셨죠.

"우리 상미는 독서왕입니다. 언니, 오빠보다 책을 더 많이 읽어요. 말도 얼마나 재미나게 하는지 몰라요. 타고난 이야기꾼입니다. 우리 집안에 진짜 인물은 상미예요."

소설 나부랭이만 읽는 아이를 '독서왕'이라고 추켜세워주면 진짜 독서왕이 됩니다. 유능감을 인정받을 때 스스로 성장할 수 있는 에너지가 발동하거든요. 아버지는 제가 열등감을 에너지로 전환할 수 있는 힘을 길러준 지혜로운 어른이었습니다. 사실 공부하기가 싫어서 책을 읽었을 뿐이었는데, 아버지의 말 한마디에 진짜 독서왕이 되고 싶어졌습니다. 책을 읽다 보니 글을 쓰게 되고, 글을 쓰다 보니 자주 대회에 나갔고, 나중에는 문학 특기생이 되었지요.

열등감은 없애려고 집착할수록 더 강해집니다. 그보다는 나의 유능감을 찾는 것이 더 중요합니다. 나의 유능감을 일깨워주는 조력자가 곁에 없더라도 스스로 찾을 수 있어요. 내가 조금이라도 재능이 있는 분야에서 유능감을 찾고, 성취감을 맛보다 보면 열등감을 차차 덜 느끼게 되고 열등감을 에너지로 활용해서 더 큰 성장을 일궈내는 힘이 생깁니다.

꿈을 이룬 대가들을 인터뷰하고 일간지에 글 쓰는 일을 할 때, 인터뷰를 하다 보니 그들의 공통점이 보였습니다. 의외로 그들은 열등감이 많은 사람들이었어요. 학창 시절엔 동급생들보다 뒤떨어졌고, 20대에도 눈에 띄지 않았습니다. 꾸준히 노력한 끝에 30대, 40대가 되어서야 빛을 냈습니다. 20대까지는 "너는 왜 안 될 일을 아직도 붙잡고 있는 거냐? 한심하다."는 말을 많이 들었습니다.

그 열등감과 열패감을 극복하려고 작은 목표를 자주 세우고, 성취하는 경험을 쌓아 나갔습니다. 무엇보다 잘하고 싶어서, 잘 해내고 싶어서 오기와 끈기로 밀어붙였습니다. 그리고 남이 뭐라고 하든 자신을 믿었습니다. 그러다 보니 어느 날 남들보다 잘하는 사람이 되어 있더라는 거예요.

나를 더 사랑하게 만드는 성장욕구

심리학자 매슬로의 욕구단계 이론에서는 인간의 욕구를 5단계로 나누고 인간 발달의 최종 목표는 '자아실현 욕

1부 더 이상 흔들리지 않기 위한 감정 공부

구'라고 말합니다. 인간은 자기를 계속 발전하게 하고자 하는 욕구, 자신의 잠재력을 최대한 발휘하려는 욕구를 가지고 있습니다. 다른 욕구와는 달리 욕구가 충족될수록 더욱 증대되는 경향을 보이는 게 자아실현의 욕구입니다. 이후에 매슬로는 자아실현의 단계를 넘어선 자기 초월의 욕구를 주장하기도 했습니다. 나 자신의 완성을 넘어서 타인을 돕고 세상에 기여하는 사람이 되고 싶은 욕구입니다.

매슬로의 욕구 5단계설을 확장한 미국의 심리학자 클레이턴 앨더퍼Clayton Paul Alderfer는 ERGExistence, Relatedness & Growth 이론을 통해 인간에게는 존재욕구, 관계욕구, 성장욕구가 있다고 주장했습니다. 매슬로의 4단계 욕구와 5단계 욕구를 확장한 것이 성장욕구Growth Needs인데요.

여기서 알 수 있듯이 더 나은 사람이 되고 싶고 잘하고 싶은 건 기본적인 욕망입니다. 인간은 내가 성장하고 있다는 걸 느끼면 희망이 생겨서 나 자신을 인정하게 되고 유능감이 상승합니다. 내가 성장하고 있다는 걸 믿으면 자기 자신을 더 사랑하게 됩니다.

남과 비교하지 말고 나의 성장에 집중하세요. 자아를 실현하고, 나의 잠재력을 키우는 것만 생각하세요. 열등감이 심한 사람은 자신을 포장하려고만 합니다. 더 이상 숨기지 말고 있는 그대로의 나를 정직하게 인정하고, 나의 성장 욕구가 무엇인지 생각해보세요. 세상에 이로운 존재가 될 때, 나와 타인이 함께 성장하고 있다는 걸 느낄 때, 나는 세상에 유일무이한 귀한 존재라는 것을 깨닫게 될 겁니다.

유능감 연습

✦ 미래의 나는 어떤 모습일지 상상하기.

_____

_____

✦ 오늘 새로 알게 된 것이나 새로 배운 것 기록하기.

_____

_____

✦ 오늘 나의 행동이나 생각 중 좋았던 점 기록하기.

_____

_____

✦ 타인이나 세상에 어떤 도움을 주고 싶은지 생각해보기.

_____

_____

1부 더 이상 흔들리지 않기 위한 감정 공부

고독력

가짜 외로움을
이기는 힘

고독은 외로움과는 다른 감정입니다. 원치 않지만 어쩔 수 없이 혼자 있는 사람이 있는가 하면, 혼자 있는 것을 좋아하기 때문에 혼자를 선택한 사람도 있지요. 고독은 즐길 수 있지만, 외로움은 깊어지면 죽음까지 생각하게 만듭니다. 외로움은 즐길 수 있는 감정이 아니며, 주변 사람들까지 힘들게 만듭니다. 외로움과 고독은 다릅니다. 핵심감정이 외로움이라면 고독력을 키워야 합니다.

제주도 여행 중에 올레길을 걷다가 갓 제대한 청년을 알게 되었습니다. 여행지에서 만난 사람들은 의외로 타인에게 마음의 빗장을 쉽게 엽니다. 나의 일상과는 다른 세계에 있는 사람이라고 생각하기 때문이죠. 그래서 아무런 선입견 없이 대화를 할 수 있습니다. 다시 일상으로 돌아갔을 때 만날 가능성이 거의 없을 테니 이름도 굳이 묻지 않습니다. 비밀 동맹은 자연스럽게 맺어집니다.

그는 누나와 유난히 우애가 좋았다고 합니다. 그런데 5학년 때 누나가 백혈병으로 죽은 뒤, 집안 분위기는 늘 어두웠고, 남은 세 식구는 거의 대화 없이 살아왔다고 했습니다. 대화가 많아지면 누나 이야기가 나올까 봐 두려워서 모두가 말을 안 하게 되었던 거죠. 자신의 인생을 한 단어로 표현하자면 '외로움'이라고 했습니다. 너무 외로워서 수없이 연애를 했으나 자주 이별했고, 마음의 허기를 채워줄 상대를 만나는 건 너무 어려웠습니다. 외로움을 견딜 수 없어서 입대를 했는데 군대 생활도 너무 힘들었다고 했습니다.

"외로워서 입대를 했다고요?"

1부 더 이상 흔들리지 않기 위한 감정 공부

"육체적으로 힘들면 외롭다는 생각조차 들지 않을 것 같아서요. 규칙적인 생활을 하고, 많은 사람들 속에 있으면 덜 외로울 것 같았어요. 그런데 마음 터놓을 사람 한 명 없는 단체 생활은 너무 외롭고 힘들었어요."

"다음에 결혼도 외로워서 하겠네요?"

"다들 외로워서 결혼하는 거 아닌가요?"

"배우자와 자녀가 있어도 외롭다는 사람들 많아요. 외로움을 덜어보려고 연애하고 결혼하면 상대방을 힘들게 만들 수 있어요. 외로움을 채워보려는 욕구가 강할수록 상대의 관심과 사랑을 계속 요구하니까 상대는 감정 소모가 점점 커지게 돼요. 외로움이 주인인 텅 빈 마음은 타인의 마음을 얻어 와서 채울 수 있는 게 아니에요. 나 스스로 고독을 즐기면서 마음 곳간을 채워야 해요. 외로움에 허덕이는 사람이 아니라 고독을 즐길 줄 아는 사람이 되었을 때, 그때 연애하고 결혼을 해야 서로의 감정 곳간을 채워주는 건강한 사랑을 할 수 있어요. 대등하게."

1부 더 이상 흔들리지 않기 위한 감정 공부

"사랑은 기댈 사람을 찾는 거라고 생각했어요. 저를 채워줄 사람이 필요했어요. 나는 외로우니까…. 건강한 사랑은 서로의 감정 곳간을 채워준다는 말이 와닿네요."

"내 마음이 텅 비어 있는 사람은 상대에게 줄 사랑도 없어요. 상대의 관심과 사랑만 구걸하죠. 나에게 계속 퍼주지 않으면 상대를 비난하고요. 나를 사랑하지 않는다고, 당신 마음이 변했다고 다그치며 상대를 지치게 만들어요."

"제가 여자친구에게 늘 그랬던 것 같아요. 제 연애를 지켜보신 것만 같아요."

"저도 외롭다는 말을 입에 달고 살았던 시절이 길었어요. 외롭다는 감정 안에 자기를 가두면 안 돼요. 고독력으로 진화하지 못하는 외로움은 절망으로 진화해요."

"외로움은 환경 때문에 만들어진 감정인 것 같아요."

"대부분 나를 힘들게 하는 외로움은 나의 환경 때문에

생성된 감정이라고 합리화하고, 타인에게서 보상받고 싶어 하죠. '성장기에 사랑을 많이 받지 못했다, 부모님이 애정과 관심을 주지 않아서 외로움을 많이 느꼈고, 분리 불안도 생겼다. 성인이 된 지금도 사랑받지 못할까 봐 두렵고 버려질까 두렵고 항상 혼자인 것 같아서 외롭다.' 이렇게 말하는 '어른아이'들이 많아요. 인생의 핵심감정이 '외로움'인 사람들이죠. 하지만 외로움은 타인과의 관계에서 형성되었다기보다 나의 내면을 들여다보고 소통을 하지 못해서 생긴 감정에 가까워요."

"내 마음을 제대로 몰라서 생긴 감정이라면, 가짜 감정 이네요?"

"진짜 내 마음을 알려면, 내 안의 나를 정면으로 바라보고 '너, 이 감정이 왜 생긴 거야? 언제 생겼어? 그 당시엔 많이 힘들었겠다. 하지만 이제 지난 일이지? 잘 견디고 어른이 되었지? 이제 그 경험을 통해서 성장할 때지? 그 감정에 머물러 있을 때가 아니야.' 이렇게 대화할 수 있어야 해요. 그 능력이 뛰어난 사람들이 고독을 즐길 줄 알죠. '나는 외로운 사람'이라고 규정해놓고 살면, 외로운 감정을 더 많이 더 자주 과장해서 느끼게 돼요. 외로움은 얼마든지 고독으로 승화시킬 수 있어요. 고독을 즐기는 사람을 만나서 연애도 하고 결혼도 하세요. 외로워서 연애하면 더 외로워서 이별하게 됩니다. 외로움은 남이 채워줄 수 있는 감정이 아니에요. 고독을 즐길 수 있는 때가 되면, 그때 대등하고 건강한 연애를 할 수 있을 거예요."

자
비

나를 친절하게
보살피는 마음

우리가 살다 보면 정말 무례한 사람들을 많이 만납니다. 무식한 사람, 예의 없는 사람, 거짓말하는 사람, 나를 모함하는 사람 등등 내 인생에 도움이 하나도 안 되는 사람들도 만납니다. 식당을 하거나 고객을 직접 상대하는 일을 하시는 분들은 무례한 사람을 더 많이 겪을 거예요. 그럴 때마다 어떻게 해야 할까요? 일일이 대응하고 싸울까요? 나도 똑같이 막말하고 싸우면 속이 시원할 것 같지만 그렇지 않다는 걸 잘 아실 겁니다. 무례한 손님과 싸우는 동안 그 가게에 있는 손님들까지 불편함을 겪게 되고 가게 이미지도 나빠집니다.

회사라는 환경을 생각해볼까요? 나에게 무례한 동료가 있어요. 가만히 당하고 싶지 않아서 똑같이 행동하고 복수해줬습니다. 하고 싶은 말을 다 했으니 일대일 싸움에서 이겼다는 기분이 들 거예요. 하지만 안타깝게도 주변에서 볼 때 두 사람은 그냥 똑같아 보입니다. 더구나 동료들이 다 보는 데서 싸웠다면 나는 팀 분위기를 망치고 동료들을 불편하게 한 사람이 되고 맙니다. 나에게 나쁜 자극을 준 사람에게 내가 그대로 반응하면 내 이미지만 나빠집니다.

우리는 타인을 결코 바꿀 수 없어요. 우리가 바꿀 수 있는 건 내가 듣는 귀, 상황을 긍정적으로 해석하는 마음, 그리고 긍정적인 사고방식, 이것뿐입니다. 우리가 할 수 있는 건 나의 선택을 바꾸는 것뿐이에요. 그러니까 나를 힘들게 하는 사람 때문에 스트레스 받지 말고 자비의 감정을 가져보세요.

타인에 대해서 자비의 감정을 가지면, 화를 가라앉힐 수 있고, 나아가 그의 입장을 이해할 수 있게 됩니다. 상대의 입장까지 헤아리고 이해하는 것을 '공감'이라고 합니다. 자비와 연민을 느끼고 공감할 수 있다면 힘든 세상을 서로 기대고 도우며 아름답게 살아갈 수 있어요.

타인을 이해하려면 먼저, 나 자신에게도 자비심을 가져야 합니다. '아, 나는 정말 불쌍한 사람이야.'라고 동정하라는 말이 아닙니다. 심리학자 크리스틴 네프Kristin Neff는 자신에게 친절을 베푸는 행위를 자기 자비Self-Compassion라고 말합니다. 친한 친구가 잘못을 했을 때 비난하지 않고 용서하고, 힘들어할 때 걱정해주는 것처럼, 나 자신에게도 그렇게 하는 거예요.

내가 화가 많고 짜증을 많이 내고 부정적인 사고방식에 젖어 있는 사람일 수 있어요. 부정적인 생각이 들 때마다. '나는 안 되나 봐. 구제불능이야. 나 자신이 너무 싫어. 너무 한심해. 너무 무능해.'라고 자신을 탓하게 되는데 이건 나를 학대하는 겁니다.

나에게 연민을 가지고 자비를 베푸는 사람이,

타인에게도 자비를 베풀 줄 압니다.

타인이 좀 잘못해도 용서하고

타인이 좀 화내고 짜증내도 유연하게 반응할 줄 압니다.

'오늘은 일이 잘 안 풀렸지만 내일은 오늘보다 0.1퍼센트만 나아지도록 해보자.'

나를 격려해주세요. 나에게도 친절하게 대해주세요. 자비를 가지세요. 너무 절망감에 젖어 들지 않도록 나약함을 인정하고 삶에 긍정적인 변화를 이끌 수 있도록 나를 챙기며 안정감을 만들어야 합니다.

자존감은 키우고 자존심은 지키기

자기 자비의 감정을 지닌 사람들은 자존감도 높습니다. 미국의 사회학자 모리스 로젠버그Morris Rosenberg에 의하면 자존감은 자신의 가치, 능력, 적성에 대한 자기 평가가 긍정적이고 자신 있는 마음을 뜻합니다. 자존감은 내가 사랑받을 만한 가치 있는 존재이고 어떤 성과를 이루어낼 만한 유능한 사람이라고 믿는 마음입니다. 나를 믿고 격려하면 나의 자존감도 높아지죠.

자존심은 스스로 품위를 지키려는 마음을 말하는데, 자존심을 인지하는 순간은 자기 자신보다는 타인에 의해 평가되는 경우가 많습니다. 사람들이 자존심을 지키기 위해 가장 많이, 가장 손쉽게 하는 행동이 바로 나를 높이기 위해 남을 비난하고 깎아내리는 겁니다. 남을 깎아내리는 순간에는 우월감을 느끼겠죠. 하지만 낮은 자존감을 감추려는 것뿐입니다. 그래서 자존감 낮은 사람들이 뒷담화를 좋아합니다.

자존심은 정신분석에서는 자아와 초자아가 균형을 유지하고 있는 상태를 말하는데, 자존심을 다치면 무가치함, 무력감, 자기 혐오 등이 쌓여 우울증으로 발전할 수 있습니다. 자존심이 약한 사람은 타인의 설득에 쉽게 넘어가고, 자기 비하와 열등감에 시달리기도 합니다. 반면 자존심이 너무 세면 허영심을 갖기 쉬워요.

특히 한국인에게 자존심은 나의 존재가치를 상징합니다. 어떤 경우에도 자존심을 지키려고 애를 쓰죠. 자존심은 나의 전부이자 목숨처럼 소중한 나의 존엄성일 수도 있어요. 이게 무너지면 자존감을 키우는 것이 불가능한 겁니다.

자존심에 상처를 입었을 때 대응하는 방식은 사람마다 큰 차이가 있습니다. 자존심을 부정적 방식으로 드러내는 사람은 상대에게 폭력, 상해를 가하는 비인격적인 행위를 하거나, 상대에게 다양한 방식으로 복수를 합니다.

반면 건강하게 자존심을 지키는 사람도 많습니다. 성숙한 방식으로 내 자존심을 지킬 줄 아는 사람이 자존감도 키울 수 있습니다. 건강한 자존심은 삶의 에너지가 됩니다. 굴욕을 견디는 힘, 넘어져도 다시 일어나게 하는 힘의 원천이 되지요. 자존심은 타인의 평가에 영향을 받지만, 자존감은 타인의 평가와 상관없이 나 자신을 존중하는 마음을 갖고 사는 마음입니다. 남이 뭐라 하든 흔들리지 않고 내 길을 가는 뚝심을 가진 사람이 건강한 자존심을 가진 사람입니다.

감사

인간이 지닌
탁월한 능력

저는 '감사 천재'라는 말을 자주 씁니다. 감사를 잘하는 사람이야말로 천재라고 생각합니다. 독일에서 공부하던 시절에 다양한 사람들을 만났습니다. 세계에서 존경받는 석학들, 성공한 사업가들, 세계적으로 명성을 떨치는 예술가들, 국적 불문하고 넓은 인간관계를 잘 맺는 사람들. 그들의 공통점을 하나 꼽으라 한다면 매사에 감사하는 '감사 천재'라는 겁니다. 작은 것에 감사할 줄 아는 사람들은, 작은 것

1부 더 이상 흔들리지 않기 위한 감정 공부

을 토대로 기적을 창조해내는 사람들이니까요.

진정한 천재는 지식이 풍부한 사람이 아니라 감사가 풍부한 사람입니다. 사소한 것에서도 감사함을 느끼는 능력은 운명을 창조하는 기적을 낳습니다. 감사하는 마음이 뇌에 변화를 주고, 몸과 마음을 살아나게 한다는 건 많이 알려져 있습니다. 감사의 효과는 너무나 커서 계속 강조할 수밖에 없어요.

어려운 상황 가운데서도 신기할 만큼 감사를 찾아내는 사람들이 있죠. '타고난 성향일까?', '어떻게 저런 마음가짐이 가능하지?' 하는 생각이 들 때도 있습니다. 감사 잘하는 성격이 따로 있는지 연구한 학자들도 있어요. 그래서 탄생한 개념이 감사 성향Grateful Disposition이라는 것입니다. 감사 성향은 인간이 지닌 탁월한 능력입니다. 감사 성향이 높은 사람들은 일상에서 감사를 느끼는 빈도가 높습니다. 작은 것에서 감사할 거리를 자주 발견해냅니다.

감사 성향이 높은 사람은 건강에도 긍정적인 변화가

일어났습니다. 암 환자들은 통증이 완화되었고, 에이즈 양성 판정을 받은 사람들은 매일 '감사 일기'를 쓰는 활동을 한 뒤로 사망률이 낮아졌습니다. 장기적으로 건강에 해로울 수 있는 스트레스 호르몬 수치도 낮아졌습니다. 수면의 질이 좋아졌고, 고혈압 환자의 혈압도 낮아졌습니다.

그런데 많은 사람들은 '감사'의 효능에 대해 강조하면 식상한 설교쯤으로 생각합니다. 주변 사람들에게 감사 인사를 자주 하면 상대가 '나를 굽신거리는 사람으로 오해하지 않을까? 호구되는 건 아닐까? 자신이 잘나서 대접받는 줄 알고 갑질을 하려 드는 것은 아닐까?' 하는 걱정도 합니다. 이건 자존감이 낮은 사람들의 기우일 뿐입니다. 감사 성향이 높은 사람들은 자존감과 자기 효능감이 모두 높으며, 감사하는 자기 자신에 대해서도 감사하는 마음이 풍성합니다. 이들은 자신의 품격을 지키면서 상대를 높여주는 감사를 실천하기 때문에 어딜 가나 더 존중받는 사람이 되죠.

시카고 대학의 니컬러스 이플리Nicholas Epley 연구팀의 실험을 살펴보면, 대부분의 사람들이 '감사의 효능'을 과소

1부 더 이상 흔들리지 않기 위한 감정 공부

평가한다는 것을 알 수 있어요. 간단한 실험이에요. 여러분도 한번 실험해보세요.

1. 내 삶에 긍정적 영향을 미친 사람, 감사한 마음을 가지고 있는 사람을 떠올려보세요.
2. 이들에게 짧은 감사의 편지를 써보세요.
3. 편지를 받은 사람이 내 편지를 받으면 얼마나 기뻐할지, 얼마나 놀랄지, 얼마나 좋아할지, 상상해보세요.
4. 편지를 보낸 나에 대해서 어떤 감정이 생길지, 나를 어떤 사람이라고 생각할 것 같은지 상상해보세요.

이 편지를 전달받은 사람들은 어떤 반응을 보였을까요? 편지를 작성한 사람들의 상상과 비교해볼 때 어떤 차이가 있었을까요?

연구진은 실제로 편지를 전달하고, 편지를 받은 사람들에게도 질문을 했어요.

1. 얼마나 기쁜가요?

2. 얼마나 놀랐나요?

3. 얼마나 좋은가요?

4. 편지를 보낸 사람에 대해서 어떤 감정이 생기나요?

5. 이 사람은 어떤 사람인가요?

결과는 편지를 보낸 사람들이 상상한 것 이상이었습니다. 감사 편지를 받은 사람들은 보낸 사람들이 상상한 것보다 더 많이 기뻐하고, 더 많이 놀랐으며, 더 많이 감동했고, 상대가 참 좋은 사람이라고 답했습니다.

"아주 따뜻한 사람입니다."

"그는 능력 있어요."

"인상이 참 좋은 사람이에요."

'어색하다', '뜻밖이다', '당황스럽다' 등의 부정적 반응을 보인 사람은 한 명도 없었습니다. 지금 바로, 종이에 감사한 사람들의 이름을 써보세요. 그리고 그 사람에게 편지를 써봅시다. 편지 한 장이 모두의 인생을 충만한 행복감으로 가득 채우는 기적을 만들어줄 겁니다.

인생을 살아가는 데는 오직 두 가지 방식이 있을 뿐이다.

하나는 기적 같은 건 없다고 믿는 삶과

다른 하나는 모든 일이 기적이라고 믿는 삶이다.

- 알베르트 아인슈타인

한숨

‿

강한 부정감정 잠재우기

분노, 짜증, 모멸감, 수치심, 두려움, 불안함, 억울함과 같은 강렬한 감정 자극을 받을 때, 우리는 평소 습관대로 자동반응을 하며 감정을 쏟아냅니다. 대부분 부정적인 감정이죠. 부정적인 자동반응이 나오려고 할 때는, 일단 생각과 행동을 멈추고 그 공간에서 멀어져야 합니다. 실내에 있다면 밖으로 나가거나 다른 층으로 이동하는 등 완전히 다른 공간으로 가야 합니다. 그다음 처방은 바로 호흡입니다.

가슴이 답답하고 부정적인 감정이 차오를 때 나도 모르게 깊은 한숨이 나오죠. 걱정이 있을 때도, 답답할 때도, 갑작스러운 상황에 놀랐다가 안도감을 느끼게 될 때도 한숨이 나옵니다. 한숨을 쉬는 건 내 몸이 본능적으로 감정의 공간을 만들기 위해서 하는 행동입니다. 한숨은 뇌의 기체 교환 효율을 높이는 기능을 합니다. 한숨을 쉼으로써 폐는 폐포에 새로운 공기를 가득 채우고 조직을 재정비해서 호흡의 효율성을 높이죠.

우리의 감각 중에 후각은 감정과 가장 관련이 깊어요. 후각은 감각과 연관된 정서 및 동기의 처리 과정에서 중요한 역할을 합니다. 요가나 명상을 할 때 코로 숨을 깊게 들이쉬라고 하는 데는 다 이유가 있습니다.

부정적인 감정이 밀려올 때는 바로 깊은숨을 쉬어야 합니다. 코로 숨을 쉬면 후각을 통해 호흡 리듬이 변연계와 전전두엽에 전달돼요. 후각 정보가 시상을 거치지 않고, 곧장 감정과 기억에 관여하는 해마와 편도체가 있는 뇌의 변연계로 들이깁니다. 호흡은 스트레스 내성을 향상시키고 감정 및 인지 상태를 조절합니다.

미국 펜실베이니아 대학교의 밍홍 마 신경과학 교수가 이끄는 연구진은 기분과 감정을 조절하는 뇌 영역과 호흡 사이에 후각이 중요한 기능을 한다는 사실을 발견했습니다. 후각과 호흡의 상호작용은

우울한 기분을 관리하는 법1

불안에 기반한 질병을 극복하는 데 도움을 줄 수 있다는 사실을 증명한 것이기도 합니다.

밍훙 마 연구진은 생쥐를 대상으로 공포 반응과 코를 통한 호흡의 관계를 조사했습니다. 특정한 주파수의 소리를 10초 동안 들려준 다음, 1초 동안 전기쇼크를 주는 자극을 반복적으로 실시하고, 나중에는 전기 쇼크를 주기 전에 그 소리만 들려줬습니다. 그러자 쥐들은 소리만 듣고서도 몸이 굳는 공포 반응을 나타냈습니다.

다음 단계에서는 쥐의 코를 막았습니다. 공포를 느낄 때 코로 숨을 쉬지 못하게 한 것이지요. 입으로 숨을 쉬게 하고, 똑같은 자극을 주자 쥐의 몸이 얼어붙어 있는 시간이 훨씬 더 길어졌습니다. 코를 막자 감정을 제대로 조절하지 못하게 된 겁니다. 후각계인 코로 숨을 쉬는 것이 감정, 행동과 밀접한 연관이 있다는 걸 입증한 실험이었습니다.

'숨 쉬는 기술'만 익혀도 감정을 잘 다룰 수 있습니다. 호흡을 통해서 감정을 가다듬고 심신의 균형을 회복할 수 있어요. 부정적인 감정이 몰려올 때는 척추를 곧게 펴고 바른 자세로 앉으세요. 코로 숨을 깊게 들이마시고, 입으로 '후' 하고 길게 내뱉습니다. 숨을 깊게 들이마시고 깊게 내쉬는 데 6초면 충분합니다.

우리의 대뇌는 외부에서 자극을 받으면, 이를 먼저 편도체에 전달합니다. 편도체는 '본능적 뇌'로 본능, 정서, 행동 등을 지배하는 곳입니다. 이때 감정이 상하고, 혈압이 오르고, 내 표정이 경직되는 데는 3초밖에 걸리지 않습니다. 대뇌가 언어에 자극을 받고 편도체에 전달하는 시간은 3초면 충분하거든요. 감정을 다루지 못하는 사람들은 이 3초 안에 반응을 합니다. 3초 만에 편도체가 반응하는 건 본능적이고 동물적인 반응이에요. 시간이 지나면 '후회할 행동'임이 분명합니다. 3초 이내에 일어나는 분노 감정을 조심하세요.

편도체에 도달했던 자극은 이제 대뇌피질로 전달됩니다. 대뇌피질은 생각과 언어를 지배하는 '이성적 뇌'입니다. 이때 걸리는 시간도 3초입니다.

그래서 6초 동안 호흡하라는 거예요. 누군가 나에게 부정적 자극을 가하더라도 본능적 뇌를 따르지 말고, 그 자극이 이성적 뇌에 도착할 때까지 기다려주세요. 외부 자극이 편도체에서 대뇌피질로 전

　　　　　　　우울한 기분을 관리하는 법 1

달되는 시간은 6초입니다!

6초만 견디면 이성적으로 생각하고 말할 수 있게 됩니다. 감정과 이성이 조율되는 시간이 생각보다 짧지요? 하지만 이 시간을 참지 못하면 본능적 뇌가 시키는 대로 배설해버린 말 때문에 그동안 쌓인 인간관계와 사회적 이미지를 다 망쳐버릴 수도 있습니다.

편도체가 자극받았을 때, 본능적인 감정에 지배당해버리면, 우리 몸은 공격적인 활동 상태에서 빠져나오지 못하고 혈압·맥박·호흡이 빨라지고 혈관이 수축돼서 혈액순환이 안 됩니다. 이때 입을 열면 큰일납니다. 빨리 6초 호흡법을 사용해야 합니다.

이렇게 쉽고 단순한 호흡법이 자율신경을 균형 있게 조율해주는 신비한 힘을 발휘합니다. 좀 더 감정을 참을 수 있다면 다섯 번 반복해보세요. 심장과 폐가 조율되면서 놀라울 만큼 마음이 안정되는 것을 느낄 수 있을 겁니다.

6초 호흡법

같이 호흡 연습을 해봅시다.

의자에 앉아 있다면 척추는 부드럽게 펴주고,

턱은 아래로 살짝 당겨줍니다.

어깨, 가슴, 등, 팔, 몸 전체에 힘을 뺍니다.

3초 동안 숨을 깊게 들이마시고,

내쉴 때는 살짝 입을 벌리고,

아랫배가 등허리에 붙을 때까지 숨을 다 뱉어낸다는 기분으로

길게 숨을 내쉬어봅니다.

흡기(코로 들이쉬기) 3초.

호기(입으로 내쉬기) 3초,

이번엔 숨 쉬는 느낌에 집중해봅시다.

코로 숨을 들이마실 때

폐로 공기가 들어가는 느낌,

복부가 팽창되는 느낌,

우울한 기분을 관리하는 법1

그리고 다시 입으로 숨을 내쉴 때

배가 수축되는 느낌을 느껴보세요.

눈은 감아도 좋고 떠도 좋아요.

숨 쉬는 나를 느껴봅니다.

들숨이 깊은지 날숨이 깊은지도 느껴봅니다.

내 숨소리가 거친지 부드러운지도 느껴봅니다.

들숨의 온도와 날숨의 온도가

같은지, 다른지도 느껴봅니다.

3초 동안 들이마시고,

잠시 멈추었다가,

3초 동안 내쉽니다.

점점 시간을 늘려서

5초 동안 들이마시고,

잠시 멈추었다가,

5초 동안 내쉬기를 반복해봅니다.

마음챙김

⌣

오감을 이용한 변증법적 행동치료

호흡을 통해서 마음이 편안해지는 걸 체험했다면, 다섯 가지 감각을 활용하는 연습을 시작합니다. 우리를 불편하게 하는 감정들은 대개 오감을 통해 감지됩니다. 불편한 감정이 생겨날 때는 오감에 집중하세요. 시각, 촉각, 후각, 미각, 청각의 느낌에 집중하는 겁니다. 불편한 감정이 순식간에 생겨났듯이, 빨리 사라지는 것도 경험할 수 있습니다. 이는 변증법적 행동치료방식 중 '마음챙김' 연습인데요. 호흡법과 마찬가지로 지금 바로 쉽게 실행할 수 있습니다.

시각

하늘을 바라보세요. 나무나 꽃을 봐도 좋아요. 흘러가는 구름의 모양이 어떻게 변해가는지 집중해서 보는 것도 좋습니다. 행복한 감정을 불러일으키는 사진을 핸드폰에 모아두세요. 클릭해서 한 장 한 장 집중해서 봅니다. 사랑하는 사람, 가족, 가장 마음에 드는 내 모습, 행복했던 순간이 담긴 사진들을 찬찬히 보는 것이 좋습니다.

촉각

차가운 물에 손을 씻어요. 그리고 힘차게 물기를 탈탈 털어요. 박수도 한번 쳐봅니다. 나의 손등, 손바닥도 비벼봅니다. 손톱도 하나하나 만져봅니다. 내 머릿결도 쓰다듬어보고, 나의 귀도 어떻게 생겼나 만져보고 느껴봅니다.

후각

저는 책상에 좋아하는 아로마 오일을 올려놓습니다. 그 향을 맡아요. 커피를 좋아한다면 커피 향도 좋지요. 내 손등에 남아 있는 비누 향과 나의 체취도 느껴봅니다. 바람의 냄새도 맡아보세요.

미각

내가 좋아하는 걸 먹어요. 초콜릿, 사탕, 건포도 등 그게 무엇이든 좋아요. 입에 넣고 천천히 맛을 음미해봅니다. 혀에 닿는 느낌, 씹을

때의 질감, 혀에서 느껴지는 단맛, 쓴맛, 신맛의 다양함, 침이 어디서 고이는지, 침이 목구멍을 타고 넘어갈 때의 느낌은 어떤지 충분히 느껴봅니다.

청각

지금 내 주변에서 어떤 소리가 나는지 가만히 들어봅니다. 눈을 감으면 더 집중해서 들을 수 있습니다. 바람 소리, 사람들의 목소리, 빗방울 떨어지는 소리, 음악 소리에 집중해봅니다. 이어폰을 귀에 꽂고 잠시 명상 음악에 집중해도 좋습니다.

기분이 좋을 때 미리 매뉴얼을 만들어놓으세요. 우울하고 무기력한 기분이 들 때 자동적으로 행동하게 돕는 매뉴얼을 늘 인지하고 있어야 합니다. 나를 불편하게 하는 감정이 밀려올 때, 기분을 환기할수 있는 방법을 핸드폰 메모장에 저장해두세요. 그리고 언제든 바로 실행할 수 있도록 머릿속으로 자주 시뮬레이션을 해보세요.

지금, 여기, 나의 몸과 느낌에 집중하면, 자극과 반응 사이에 넓은 공간을 만들 수 있습니다. 감정은 무의식에서 생겨납니다. 이런 연습

우울한 기분을 관리하는 법 2

을 통해서 무의식을 의식의 영역으로 떠오르게 할 수 있습니다. 나의 생각, 감정, 욕구, 말, 행동과 같은 자동적인 반응들을 관찰하고 알아차릴 수만 있다면, 나의 반응을 선택할 수 있는 자유와 힘이 생깁니다. 내 감정의 주체가 될 수 있습니다.

스트레스 관리

⌣

나쁜 감정을 삶의 동기로 활용하기

한국인들이 가장 많이 사용하는 외래어 1위는 무엇일까요? 바로 스트레스Stress 입니다. 스트레스라는 말은 물리학에서 사용되는 용어입니다. '팽팽히 조인다'는 뜻의 라틴어 stringer에 뿌리를 둔 말이죠. 내 마음을 팽팽하게 조이는 스트레스를 우리는 매일 경험하며 살고 있습니다. 신생아도 양육자가 자신의 욕구를 해소시켜주지 못하면 다양한 스트레스를 느낀다고 해요.

저는 요즘 흰머리가 생기고, 체지방도 늘어서 스트레스를 좀 받는 중이에요. 노화뿐 아니라 스트레스를 많이 받아도 흰머리가 생기는 거 아시죠? 나이가 들수록 멜라닌 생성 줄기세포가 고갈되어서 흰머리가 생기는 거지만, 스트레스 호르몬이 많이 생성될수록 멜라닌 생성 줄기세포가 모낭에서 많이 고갈되어서 흰머리는 더 늘어나게 된다고 해요. 중요한 건, 이미 고갈된 줄기세포는 다시는 생기지 않는다는 사실입니다. 많이 먹지 않는데도 체지방이 느는 것도 스트레스가 영향을 준 겁니다. 스트레스가 지방세포의 활동을 촉진시켜서 지방세포의 크기와 수를 증가시킨다고 해요.

사회생활을 하면서 받은 스트레스를 술로 푸는 사람도 많죠. 하지만 술은 스트레스를 더 증가시킵니다. 시카고대학교 에마 차일즈 Emma L Childs 교수는 술과 스트레스의 관계에 대한 연구를 통해 그 사실을 증명했습니다. 성인 남자 25명에게 스트레스를 주고 난 후, 참가자에게 알코올이 포함된 주사제를 투여하여 반응을 관찰했는데 참가자들의 코르티솔 분비량이 줄어들었습니다. 코르티솔은 급성 스트레스에 반응해 분비되는 물질로, 스트레스에 대항하는 신체에 필요한 에너지를 공급합니다. 코르티솔 분비량이 줄어들자 참가자들의 스트레스 강도가 높아졌고 스트레스를 받는 시간도 길어졌죠.

차일즈 교수는 스트레스에 대처하기 위해 술을 이용하면 실제로 스트레스에 대처하는 반응을 약화시키고 회복을 지연시킬 수 있다고 말했습니다. 술을 마실수록 좋은 기분은 사라지고 술을 더 마시려고 하는 경향이 나타난다고도 했습니다. 술은 스트레스를 해소하는 데 전혀 도움이 되지 않는다는 겁니다.

몸도 마음도 너무 빨리 늙지 않으려면 스트레스를 잘 관리하며 최대한 긍정적으로 사는 법을 배워야 합니다. 그것이 삶의 질을 높이는 최고의 방법입니다. '스트레스'라는 단어를 의학적으로 처음 사용하기 시작한 사람은 캐나다의 내분비학자 한스 셀리에Hans Selye 입니다. 셀리에는 스트레스를 3단계로 나누었어요.

① 경보 반응Alarm
↓
② 저항 반응Resistance
↓
③ 탈진 반응Exhaustion

스트레스 요인을 제거하지 못하고 오랫동안 시달리다가 마지막 단계인 탈진 반응에 이르면, 정신적 질병은 물론 신체적 질병을 얻을 수 있다는 게 셀리에의 주장이었죠. 더 흥미로운 것은, 스트레스가 무조건 부정적인 영향만 주는 것이 아니라 몸과 마음에 긍정적인 효과도 준다는 거예요.

스트레스에는 긍정적 효과를 주는 '유스트레스Eustress'와 부정적 영향을 주는 '디스트레스Distress'가 있습니다. 스트레스를 제공하는 '원인(자극)'이 같아도 '증상(반응)'은 달라질 수 있습니다. 같은 스트레스 상황에서도 긍정 반응을 선택하는 사람이 있고, 부정 반응을 선택하는 사람이 있습니다.

자극 : 한 달 안에 회사에서 정한 성과 목표를 달성해야 한다.
반응 : 긍정(유스트레스) or 부정(디스트레스)

유스트레스	디스트레스
"지금 이 상황이 힘들지만, 도전하고 노력해보자. 내 능력을 시험해보는 기회로 삼자. 내가 더 성장하는 기회가 될 거야!"	"미치겠네! 짜증나 죽겠어. 아무 나 건들지 마. 더는 못하겠어. 이대로 계속 견디다가는 폭발할 것 같아!"
스트레스가 오히려 일상에 활력을 더해주고 생산성과 창의력을 높이는 데 도움이 된다.	스트레스에 수동적으로 시달리다가 마지막 단계인 탈진 반응에 이르면 번아웃을 겪게 된다.

어떤가요?

크고 작은 원인에서 발생한 스트레스는 온종일 나를 자극합니다. 자극은 무수히 많아요. 하지만 반응은 내가 선택하는 것입니다.

"자극과 반응 사이에는 공간이 있다."

심리학자 빅터 프랭클의 이 말을 우리는 늘 기억하고 있어야 합니다. 스트레스를 유발하는 자극은 같아도, 반응을 선택하는 능력은 내가 키울 수 있는 것입니다. 긍정적인 반응을 선택하면, 원하는 목표를 이룰 가능성이 높아집니다. 디스트레스는 유스트레스로 돌아설 수 있어요.

스트레스에 대처하는 능력이 내 건강에 미치는 영향을 연구하는 학자들은 심혈관질환 A유형에 해당하는 이들이 다음과 같은 느낌을 많이 받는 사람들이었다고 말합니다.

"참는 게 힘들어요."

"늘 시간에 쫓기는 기분이에요."

"경쟁이 힘든데 치열한 경쟁 속에 있어요."

"마감 시간에 대한 강박이 있어요."

자극에만 집중하고 자신의 반응을 긍정으로 전환하려는 노력을 하지 않으면, 심혈관질환을 앓게 될 확률이 높아지는 거겠죠? 디스트레스를 유스트레스로 전환하는 힘을 키우는 것이야말로 나이 들수록 명랑하고 생기 넘치는 사람이 되는 방법이라는 것, 잊지 마세요!

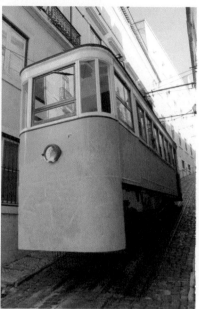

2부

밝고 빛나는 삶을 위한
습관 공부

부정적 자동사고에서 벗어나
좋은 감정을 선택하는 법

우울감과 불안감에서 벗어나고 싶은가요? 여러 번 시도해보았지만 혼자서는 잘 안 되어서 다시 무력감을 겪는 악순환에 빠졌을지 모르겠습니다. 지금부터는 저와 함께 부정적 자동사고 습관을 긍정적 자동사고 습관으로 바꾸는 연습을 해볼 겁니다.

저도 과거에는 우울과 불안으로 힘들었지만 지금은 밝은 일상을 즐기며 상담자로서 평온하게 살고 있습니다. 그 비결은 아주 오랜 시간 노력해서 만들어낸 저만의 사고 습관에 있습니다.

기분이 안 좋고, 부정적인 생각이 밀려오고, 자존감이 떨어지고, 무기력해질 때마다 이 책을 펼쳐주세요. 반복해서 이 책을 보면서 뇌가 긍정적인 생각을 할 수 있도록 연습하세요. 쉽고 간단한 훈련으로 우리의 뇌를 긍정적으로 바꿀 수 있습니다.

자꾸 우울감에 빠지는 이유

자동사고의 함정

길을 지나가고 있는데 누군가 나를 빤히 쳐다본다면 여러분은 어떤 생각이 떠오르나요?

'내가 오늘 좀 멋있어 보이나?'
'내가 옷을 이상하게 입었나?'
'시비 걸고 싶나? 눈빛이 왜 저래?'

다양한 생각이 떠오를 수 있어요. 이처럼 어떤 상황을 마주했을 때 자동적으로 생각하게 되는 패턴이 자동사고 Automatic Thoughts입니다. 마음속에 뭔가를 떠올리기만 하면 자동적으로 결론을 내려버리는 고정관념을 말하기도 합니다. 어떤 사건에 당면했거나 어떤 자극을 받았을 때 반사적으로 떠오른 생각이죠. 그림으로 표현하면 이렇습니다.

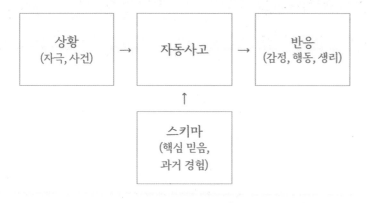

그런데 똑같은 상황을 보면서도 떠오르는 생각은 사람마다 다릅니다. 누군가는 자신이 멋있고 예뻐서 쳐다보는 거라고 기분 좋게 생각하고, 누군가는 내가 이상해 보여서 무시하는 마음으로 쳐다보는 거라고 기분 나쁘게 생각합

니다. 왜 이렇게 개인마다 자동사고가 다르게 작동하는 걸까요?

세상을 바라보는 관점이 각자 다르기 때문입니다. 인지치료의 창시자 아론 벡은 그것을 스키마schema라 칭하고 그 순간의 반응은 화학 작용처럼 일어난다고 했습니다. 어떤 상황이 나의 스키마와 만나면서 감정, 행동, 생리적 반응이 찰나에 발생하는 것입니다.

계획했던 일이 잘 안 풀려 실패했을 때 자기 비관에 빠져 우울감에서 헤어나오지 못하는 사람이 있는가 하면, 이번에는 실패했지만 다음엔 성공할 수 있을 거라고 스스로를 응원하며 다시 일어나는 사람이 있습니다. 그 차이점을 설명하는 것이 바로 스키마입니다.

사람은 각자 타고난 유전적 기질이 다르고 성장 과정이 다릅니다. 형제가 없을 수도 있고, 형제가 많을 수도 있습니다. 가족이 사랑이 넘치고 애정 표현을 잘 할 수도 있고, 무뚝뚝하고 감정 표현에 서툴 수도 있어요. 집안이 부유

할 수도 있고 가난할 수도 있습니다. 기질이 외향적일 수도 있고 내향적일 수도 있어요. 게으를 수도 있고 부지런할 수도 있습니다. 이렇게 경우의 수가 많으니 사람마다 관점, 즉 스키마가 다를 수밖에 없죠.

부정적 생각과 비합리적인 믿음에 익숙해진 사람은 몇 번 실패한 경험 때문에 '나는 해도 안 되는 사람'으로, 시험을 한 번 망쳤을 뿐인데 '나는 원래 공부를 못하는 사람'으로 일반화시켜버립니다. 부정적 자동사고 습관을 가진 사람들은 수십 년간 혹은 평생 그렇게 생각하며 살아왔을 가능성이 큽니다.

그런데 이 부정적 자동사고를 방치하면 우울증과 불안증을 유발할 수 있습니다. 최근 영국 유니버시티 칼리지 런던UCL 연구진은 부정적 사고를 장기간 반복하면 치매를 유발하는 알츠하이머병 위험이 커진다고 발표하기도 했습니다.

이처럼 자동사고는 우리의 감정과 행동에 결정적인 영향을 미치는데 우리는 그것을 의식하지 못합니다. 나의 감정을 잘 이해하고 다스릴 수 있어야 마음의 안녕을 유지할 수 있는데, 자신도 모르는 사이에 발생하는 생각 때문에 우울해지기도 하고 불안해지기도 한다면, 어떻게 해야 할까요? 의식하지도 못한 채 발생하는 부정적 생각을 과연 내가 바로잡을 수 있을까요?

물론입니다. 이것만 기억하면 희망이 있습니다. **자동사고는 습관입니다.** 내가 평소 비관적인 사람이라면, 내가 평생 동안 만들어온 스키마가 그렇게 자동사고를 하도록 만들었을 것입니다. 우울과 불안을 떨치고 싶다면 습관을 바꿔야 합니다.

물론 '앞으로 긍정적으로 생각하고 밝게 살아야지.', '걱정은 그만하고 불안해하지 말아야지.'라고 결심을 한다고 해서 평소의 습관이 단번에 바뀌진 않아요. 자신의 내면에서 일어나는 감정을 잘 들여다보고 나의 생각과 행동을 좌우하는 자동사고를 바꾸려면 훈련이 필요합니다.

긍정적 사고 습관의 원리

부정적인 상황에 처했을 때, 비합리적으로 상황을 받아들이는 사람이 있는가 하면 건설적이고 합리적인 사고를 가지고 좋은 감정과 행동을 선택하는 사람이 있습니다.

우리는 일어난 사건 때문이 아니라 그 사건을 받아들이는 방식 때문에 불안해집니다. 부정적 상황이라도 합리적인 사고로 사건을 대하면 부정적인 감정이나 행동이 유발되는 것을 막을 수 있습니다.

모든 사람들은 어느 정도의 우울, 불안, 강박, 회피, 자기 비난, 분노, 상처, 죄의식을 내면에 가지고 있습니다. 합리적으로 사고하고 좋은 감정을 선택하는 능력을 키우면, 부정적 상황에서도 부정적 감정과 행동을 선택하지 않습니다. 합리적으로 생각하고 긍정적 감정과 행동을 선택하죠.

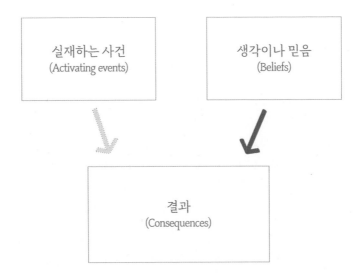

실재하는 사건
(Activating events)

생각이나 믿음
(Beliefs)

결과
(Consequences)

　　사람들은 어떤 '사건'에 부딪혔을 때 부정적인 감정이나 행동을 선택하는 부정적인 '결과'를 경험하면 원인이 '사건'에 있다고 봅니다. 하지만 부정적인 결과는 사건에 대해 갖고 있는 나의 '비합리적인 생각이나 믿음'이 만들어낸 것입니다.

　　같은 사건을 겪더라도 '생각이나 믿음'이 긍정적이라면 긍정적인 감정과 행동을 선택합니다. 따라서 부정적 감정 때문에 힘들다면 다른 선택을 해야 합니다. 합리적으로 사고하는 연습을 통해 나의 '생각이나 믿음'을 교정하는 겁니다.

긍정사고 연습 1

사건 직장 상사가 회의 시간에 나에게 막말을 했다. "신입 사원도 이런 실수는 안 해. 김 대리는 잘하다가 꼭 마지막에 이런 큰 실수를 한다니까!"

생각이나 믿음 주어진 역할을 훌륭하게 수행해야 한다. 인정받는 사람이 되어야 한다. 타인에게 지적을 받는 건 무능하고 가치 없는 사람이라는 증거이다.

결과 나는 무능한 사람이야. 나는 가치 없는 사람이야. 나는 늘 실수하는 인간이야. (부정감정 - 자기 비하)
따로 불러서 지적해도 될 텐데 사람들 앞에서 모멸감을 주다니! (부정감정 - 섭섭함, 속상함, 모멸감)
팀장에게 복수하고 싶어! (부정감정 - 분노)
인정 못 받는 곳에서 고생하지 말고, 회사를 그만둬버려야겠어. (부정행동 선택)

'생각이나 믿음'을 교정하여 합리적인 사고로 전환해볼까요?

> 생각이나 믿음 실수를 한 건 안타깝고 속상한 일이지. 하지만 나도 최선을 다했어. 누구나 실수할 수 있고 언제나 인정받을 수는 없어. 실수하고 인정받지 못한다고 해서 내가 가치 없는 사람은 아니야. 실수를 통해서 얻은 교훈으로 다음엔 더 잘 해낼 수 있을 거야.

> 결과 팀장의 평가가 나의 가치를 결정하진 않아. 그건 팀장의 생각일 뿐이지. 나는 나의 실수를 인정하고, 실수를 통해서 배우고, 이 경험을 통해서 더 성장하는 사람이 될 거야. (긍정감정 - 유능감, 자존감)
> 실수를 보완하고, 더 철저히 준비해야겠어. 나도 성취감을 얻도록 지금부터 최선을 다할 거야. (긍정행동 선택)

비합리적인 신념을 가지고 있어서 매사에 부정적인 감정을 표출하는 사람들이 있어요. 그들과는 심리적으로 멀어지길 권합니다. 부정감정은 긍정감정보다 전파력이 더 강하기 때문입니다.

나의 사고 패턴이 비합리적으로 굳어져 있는 것 같다면 긍정적으로 생각하는 사람들과 대화하는 기회를 많이 만들어보세요. 긍정적인 생각과 말은 서로의 자존감을 높여주고 함께 성장하는 데 도움이 됩니다.

합리적으로 사고하고, 긍정감정과 긍정행동을 선택하는 연습을 지금부터 시작해보세요. 부정적인 상황을 이겨내는 회복탄력성을 키울 수 있습니다. 합리적으로 사고하고 좋은 감정을 선택하는 능력은 얼마든지 키울 수 있습니다.

이 책을 읽는 분들 중에도 우울감과 불안감에서 벗어나고 싶어서 여러 노력을 해봤던 분이 있을 거예요. 아마도 쉽지는 않았을 겁니다. 여러 번 시도해보았지만 자신의 노력으로는 안 될 거라고 생각해서 무기력한 상태에 빠졌을 수도 있습니다. 지금부터 저와 함께 부정적 사고 습관을 긍정적 사고 습관으로 바꾸는 연습을 해볼 겁니다.

저도 예전에는 툭하면 자기 비하하고 외로워하고 두려움에 떨며 불안에 빠졌었습니다. 그런 감정을 많이 느끼는 뇌를 가진 사람이었습니다. 그러던 제가 이렇게 긍정사고 습관 강의를 하며 상담자로 평온하게 살 수 있게 된 것은 정말 오랜 시간 부단히 애쓰고 노력해서 저만의 습관을 만들어냈기 때문입니다.

이제 여러분에게 그 비결을 알려드리고 제 경험을 나누고 싶습니다. 습관이 내 인생을 바꾼다는 걸 체험하고 나니까 여러분에게도 이 기쁨을 선물하고 싶었습니다. 물론 지금도 부정적인 감정이 들 때가 있고 부정적인 생각이 엄습해올 때가 있습니다. 하지만 예전처럼 힘들어하지 않고 금세 빠져나옵니다. 긍정적인 경험을 반복적으로 경험하고 즐거움을 찾고 즐거움에 몰입하는 경험을 해본다면 우리의 뇌를 바꿀 수 있습니다.

부정적 자동사고에서 벗어나는 연습

긍정사고의
힘

인간의 뇌는 부정적 감정과 부정적 기억을 어떻게 받아들이고 있을까요? 좋은 감정이나 나쁜 감정은 각각 뇌에 기록되는 경로가 다릅니다. 좋은 감정은 '보상 회로'를 통해 저장되고 나쁜 감정은 '공포 회로'를 통해 기록됩니다.

그런데 뇌는 부정적인 감정과 기억을 훨씬 더 오래 저

장합니다. 기쁘고 설레는 추억보다 기분 나쁘고 충격적인 추억이 더 오래 각인된다는 말입니다.

왜일까요? 뇌가 작동하는 기본 원리가 생존지향성에 있기 때문입니다. 뇌는 생존에 유리한 방향으로 진화해왔습니다. 뇌는 신체 감각, 감정, 생각 등의 정보를 일시적인 단기기억 형태로 받아들입니다. 처음 듣는 전화번호를 기억했다가 전화를 걸 때까지 짧게 기억하는 형태가 단기기억이죠.

그런데 이 단기기억이 1년 후나 10년 후에도 다시 불러낼 수 있는 장기기억이 되려면 일련의 과정을 거쳐야만 합니다. 이때 관여하는 과정 중 하나가 감정입니다. 감정이 강하게 실린 정보는 중요한 정보로 처리되고 오랫동안 저장해야 하는 가치 높은 기억이 되는 것이죠. 그 감정이 좋든 나쁘든, 감정이 개입된 기억을 더 많이 저장한다는 거예요.

우리가 비난을 받으면 부정적인 감정이 생겨나는데 이때 해마와 편도체가 활동해서 그 기억을 강화하여 저장합

2부 밝고 빛나는 삶을 위한 습관 공부

니다. 해마 옆에 있는, 아몬드 모양의 편도체는 기억을 감정과 묶어서 장기기억으로 저장하는 기능을 합니다. 특히 부정적 감정이 들 때는 자신에게 위험이 될 수 있는 것에 대한 기억을 오래 남겨 잠재적인 위험에 빠르게 대처할 수 있도록 합니다. 뇌는 부정적 감정을 더 강하게 받아들이고, 부정적 기억을 더 오래 새겨둡니다.

여러분은 어떤 감정이 실린 정보를 뇌에 저장하고 싶으신가요? 당연히 좋은 감정이겠죠. 슬프고 괴로운 감정은 나를 너무 힘들게 하니까요.

긍정적인 기억을 더 많이 저장하기 위해 긍정적인 경험을 통해 좋은 감정을 많이 느껴야 합니다. 집에 가만히 있으면 좋은 감정을 느낄 기회가 별로 없습니다. 좋은 기억을 저장할 기회도 적어지죠. 바깥으로 나가서 바람을 느끼며 걷고 나무도 보고 하늘도 보세요. 그리고 내가 배울 게 많은 사람, 나를 격려해주는 좋은 사람들을 만나세요. 좋은 강의를 찾아서 들으러 가도 돼요.

공포감, 불안감, 무력감을 느낄 때는 편도체가 더 활성화되어 장기기억으로 저장됩니다. 그러니 공포를 느끼는 일을, 그리고 무력감을 느끼는 일을 줄일 수 있으면 줄이고, 어쩔 수 없이 부정적 감정을 느껴버렸다면 빨리 좋은 감정을 더 많이 느끼면서 무기력에서 벗어나야만 합니다. 그래야 부정적 감정이 장기 저장되는 일을 막을 수가 있으니까요. 밝은 일상을 즐기고 싶다면 좋은 감정을 느끼도록 노력해야 합니다.

우리에게 해로운 영향을 끼치는 나쁜 감정 두 가지가 있습니다. 바로 공포감과 무력감입니다.

공포감은 특정 대상이나 상황에 의해 자기가 죽거나 다칠까 봐 두려워하는 감정을 말합니다. 우리가 일상생활을 하는 동안 공포감을 느낄 일은 많지 않지만 무력감을 느끼는 경우는 많죠. 직장에서 과도한 업무에 시달리다가 스트레스가 심해지면 아무것도 하고 싶지 않거나 일을 잘 해내지 못할 것 같은 무력감에 빠질 때가 있습니다.

무력감이라는 부정적 감정이 느껴질 때엔 일단 무조건

'빨리' 빠져나와야 합니다. 당연한 말 같지만 그게 가장 효과 좋은 방법이에요. 부정적 자동사고가 작동할 틈을 주지 말아야 합니다. 무력감을 즉각 떨쳐버릴 수 있는 최고의 방법은 바로 몸을 움직이는 겁니다.

물론 무력감이 들면 꿈쩍도 하기 싫은 것 너무나 잘 압니다. 아무것도 하고 싶지 않으실 거예요. 저도 무기력해지면 누워 있고만 싶거든요. 계속 힘들기만 하고 몸에도 마음에도 힘이 하나도 없어지죠. 그런데 그럴 때일수록 어떻게든 기를 쓰고 일어나야 해요. 억지로 몸을 움직여야 합니다. 집 안 정리를 하든, 산책을 하든 몸을 움직여줘야 해요.

운동은 신체뿐만 아니라 뇌와 마음에도 영향을 끼칩니다. 신체 활동성을 높이는 일은 모두 뇌에 도움을 주거든요. 뇌 성장호르몬, BDNFBrain-Derived Neurotrophic Factor(뇌유래신경성장인자), 엔도르핀, 엔케팔린 등을 분비하여 운동 후에 기분이 좋아지도록 만듭니다. 긍정적인 감정을 느끼게 해주는 것이죠.

나를 힘들게 내버려두지 마세요. 내가 나를 내버려두면 몸에 이상 증상이 나타납니다. 가장 먼저 정서적 공감 능력이 고장 납니다. 정서적 공감 능력은 상대의 감정을 이해하고 그 감정을 느끼는 것을 말합니다. 공감을 하려면 타인의 말을 잘 듣고 의미를 새기고 기분을 이해할 수 있어야 하는데, 공감 능력이 고장 나면 그러한 과정들이 다 귀찮아지고 사람이 싫어집니다. 게다가 내 마음에도 공감을 하지 못하게 되면서 자신이 싫어지고 자기 자신을 함부로 대하게 됩니다.

내가 나를 비난하고 욕하게 돼요. 무력감이 자기 비하로 번진다는 말입니다. 타인에 대한 공감 능력이 떨어지면 사람이 싫어진다고 했죠? 이때 가장 크게 피해를 보는 사람은 나와 가장 가까이 있는 가족입니다. 가족이 싫고, 귀찮고, 미워지거든요.

여러분이 가장 먼저 돌봐야 할 사람은 누구인가요? 부모님입니까? 자녀입니까? 배우자입니까?

아닙니다.

나 자신입니다.

내가 무력해지지 않도록 잘 돌봐야 합니다. 나를 돌보지 않으면 나 자신이 미워집니다. 내가 미워지면 가까이 있는 가족이 미워지고, 회사에서는 직장동료가 마음에 안 들고, 자주 만나는 친구들이 얄미워집니다.

내가 나를 돌보고 내가 나를 사랑해주는 것, 이를 자기 자비라고 합니다. 고통스러운 순간에 과도하게 자기를 비난하는 게 아니라 너그럽게 스스로를 이해하고 돌보는 것입니다. 우리는 자비심을 남에게 베풀어야 한다고 알고 있었어요. 근데 진짜 자비는 남에게 베푸는 게 아니라 나에게 베풀어야 합니다. 그러고 난 후에야 남에게도 자비를 베풀 수 있습니다.

나를 위로하고 공감해야 합니다. 나에게 친절해야 합니다. 그래야 더 나아지고 싶다는 성장욕구가 생기고 자존감이 높아집니다. 자존감이 높아지면 뇌가 건강해집니다. 건강한 뇌는 긍정적인 생각을 하고 작은 불안과 걱정을 이겨냅니다. 부정적 자동사고에 빠지지 않도록 나를 지켜줌니다. 이것이 바로 뇌를 긍정적으로 만드는 훈련입니다. 훈련을 통해 나의 뇌가 긍정사고를 하도록 바꿀 수 있습니다.

습관적으로 자기를 비하하는 사람들이 있습니다. "저는 선배님만큼 절대 못해요. 그럴 능력이 없어요." "전 못생겼어요." "전 제대로 아는 게 없어요." 등의 말을 습관적으로 합니다. 겸손해서 그런가요? 아닙니다. 그것은 자기 비하, 그 이상도 이하도 아닙니다. 겸손은 자존감에서 시작되지만, 자기 비하는 열등감에서 시작됩니다.

그런데 왜 그렇게 자신을 낮추어 말하려고 하는 걸까요? 크게 세 가지 이유가 있습니다. 첫째, 동정심을 유발하여 관심을 받고 싶은 겁니다. 둘째, 자신에 대한 기대수준을 낮게 만들어서 무리한 요구를 하지 못하게 하거나 책임을 피하고 싶기 때문입니다. 셋째, 내가 부정적으로 얘기해도 사람들이 "그렇지 않아. 너 정말 잘하고 있어. 멋져."라고 해주는 말을 들으며 자신감을 회복하는 경험을 하고 싶기 때문입니다.

그런 자기 비하 전략은 처음 한두 번은 통할 수 있습니다. 주변 사람들이 관심을 가져주고 격려해줄 거예요. 그러나 시간이 흐르면서 점차 자기 비하하는 사람을 피하게 될 겁니다. 자기 비하 잘하는 사람은 소위 '에너지 뱀파이어'거든요. 매번 챙겨주느라 내 에너지가 소모되고, 늘 부정적인 말만 들으니 우울한 기분이 나에게까지 전염되어 그 사람을 피하고 싶어집니다.

절대로 습관처럼 자기 비하하지 마세요. 자기 비난도 하지 마세요. 습관적으로 무의식적으로 계속 자신을 비난하는 것에 익숙해져 있는 사람은 두 가지 병에 걸립니다.

첫 번째, 남 탓하는 병에 걸립니다.
"이렇게 된 건 다 그 사람이 잘못해서 그런 거야."
"너 때문에 이렇게 됐어. 내 인생이 이렇게 된 건 다 너 때문이야."
"아우, 내 팔자야. 내가 결혼을 잘못해서 이렇게 됐어."
"너를 낳고 나서 내 인생에 잘 되는 게 하나도 없어."
"이 회사에 들어오고 나서 내 일이 다 꼬였어."

2부 밝고 빛나는 삶을 위한 습관 공부

자기 비하를 잘하는 사람은 자신의 단점만큼 타인의 단점도 잘 찾아내죠. 그래서 쉽게 타인을 비난하고 잘못을 떠넘깁니다.

두 번째, 자기 방어Ego Defense하는 병에 걸립니다. 앞에서 공부했듯 자기 방어란 자신을 보호하기 위해 무의식적으로 작동되는 심리 기제를 말합니다. 스스로를 낮게 평가하면서도 한편으론 어떻게든 자신을 방어하기 위해서 변명합니다.

어떤 문제를 마주하게 됐을 때, '내가 실수한 거 아닐까? 어떻게 해결해야 할까? 앞으로 어떻게 변해야 할까?'가 아니라 '나는 잘못 없어. 다 네 잘못이야. 난 그런 적 없어.'라는 태도를 취합니다. 무조건 나를 방어하는 병에 걸린다는 거죠.

긍정사고 습관을 들이는 가장 쉬운 방법이 바로 '언어 치유'입니다. 부정적으로 생각하고 말하는 습관을 긍정적으로 생각하고 말하기 위해 평소에 하는 말 습관을 바꿔보는 겁니다. **지금 연습하는 긍정의 말은 꼭 소리 내어 말하세요.** 내가 잘 하지 않던 말이라면 더더욱 열심히 반복해서 소리 내어 말해야 합니다. 그래야 나의 말이 되어 내 몸에 달라붙습니다.

비관적으로 생각하는 사람은 계획했던 일이 잘 안 되면 "아휴, 내가 하는 일이 다 이렇지 뭐. 되는 일이 없어!"라고 말합니다.

이제 내 마음대로 안 풀리는 상황이 와도 긍정적으로 말하는 겁니다.

"괜찮아. 나니까 오늘까지 잘 살아온 거야. 다음엔 더 잘할 거야!"

사람들이 집에서는 말을 훨씬 편하게 합니다. '말을 편하게 한다'는 건 타인의 시선을 별로 의식하지 않은 채 평소 생각대로 튀어나오는 말을 한다는 뜻입니다. 부모가 "아휴, 진짜 뭐 되는 일이 없냐? 짜증나네."라는 말을 집에서 하고 다니면 아이들은 그 말을 그대로 따라 하고 그 감정을 흡수합니다. 아이들이 즉각 반응을 하지 않아서 안 듣는 것 같지

무력감이 느껴지고 마음이 흔들리면

공감 능력이 고장 납니다.

공감 능력이 망가지면 나도 싫고 남도 싫어지기 때문에

가족, 동료, 친구에게 상처를 줄 수도 있습니다.

그래서 나를, 나 자신을 먼저 돌보아야 합니다.

만 다 듣고 있습니다. 그 순간의 분위기도 다 기억합니다. 자기 비하하고 자기 비난하는 생각과 습관이 자기도 모르게 몸에 배게 되는 것이죠.

집에서도 긍정의 언어를 쓰도록 늘 유의해야 해요. 긍정의 말이 그냥 말뿐인 것 같지만 사실 그 문장을 읽다 보면 우리의 마음도 움직여서 긍정적인 감정을 느끼게 됩니다. 그렇게 긍정의 말을 하면 감정과 정보가 함께 편도체에 저장되면서 뇌의 회로가 바뀝니다.

"나는 쉴 자격이 없어. 더 달려야 해."
제가 평생 저 자신에게 했던 말입니다. 저는 여유를 즐기며 느긋하게 시간을 보내는 걸 잘 못해요. 늘 뭔가 바쁘게 하고 있습니다. 그런 모습을 본 사람들은 저한테 부지런하고 열심히 산다고 칭찬했습니다. 그런데 저는 어느 순간 병들어 있었어요. 늘 나 자신에게 '더 공부해야 돼. 더 달려야 돼. 더 열심히 해야 돼. 난 부족해. 나는 쉴 자격이 없어.'라고 주입했기 때문이에요. 이런 말은 동기부여를 하는 게 아니라 비난하는 겁니다. 많이 아프고 나서 저는 말을 바꾸기로 결심했습니다.

"여기까지 오느라 애썼어.
그동안 얼마나 열심히 살았는지 내가 가장 잘 알지.
잘하고 있는 거야. 조금만 더 힘내자."

이렇게 말하면 되는 거예요. 더 열심히 하고 싶을 때 자기 비하를 동력으로 삼을 필요가 없습니다. 스스로 노력하며 이루어가고 있는 과정을 자랑스러워하면 됩니다. 자기 비하, 불안, 비관은 결코 성공의 동력이 될 수 없습니다. 해내겠다는 마음과 긍정적인 생각만이 나를 성장시킬 수 있습니다.

한때 사람들은 행복은 환경이 주는 선물이라고 생각했습니다. 다들 그런 줄 알면서 살았어요. 돈이 많으면 행복하고, 사람들이 나를 좋아해주면 행복하고, 가족이 화목하면 나도 행복하다고 생각했어요. 경험상 그랬던 것 같아요. 그런데 그 행복감은 순간적인 것일 뿐 오래 지속되지는 않았어요. 돈이 좀 없다고 해서, 누군가 나를 싫어한다고 해서,

가족 중 누가 나에게 상처를 줬다고 해서 바로 불행하다고 생각하면 안 됩니다. 환경이 나에게 행복을 베풀어주지 않습니다.

'행복은 기쁨의 강도가 아니라 빈도'라는 말이 있습니다. 가슴을 두근거리게 하는 대단한 행복감에 한 번 압도되는 것보다 소소하지만 잠시 설레게 하는 작은 행복을 자주 느끼는 것이 훨씬 좋다는 말입니다. 그러려면 나의 일상을 잘 살펴보고 감사한 일을 찾아보고 작은 행복을 발견할 수 있어야 합니다.

행복할 일들이 도처에 깔려 있는데도 기가 막히게 불행만 발견해내는 사람이 있어요. 그런 불행 고수와 같이 있으면 나도 힘이 빠지고 부정적 감정에 전염되고 맙니다. 반면 행복은 기쁨의 강도가 아니라 빈도라는 걸 실천하고 있는 사람들도 있습니다. 그들은 아주 작은 것에도 엄청 크게 기뻐하죠. 그런 사람들과 가까이 지내면서, 나도 그런 사람이 되도록 노력해보세요.

그러면 긍정사고 습관을 가진 사람들이 내 주변에 많아집니다. 기분 좋은 말을 하고 기분 좋은 생각을 하는 사람들이 무리를 이루게 되죠. 그러면 세상이 행복 천지라는 걸 알게 됩니다. 세상이 긍정 천지라는 걸 내 눈이 발견하게 됩니다.

행복한 감정과 부정적인 감정은 뇌가 인식하고 느끼는 자극에 달려 있습니다. 환경이 나에게 행복을 주는 게 아니에요. 돈이 나에게 행복을 주는 게 아니고, 사람이 나에게 행복을 주는 게 아닙니다. 행복한 감정이나 부정적 감정, 모두 뇌가 인식하는 자극에 달려 있습니다. 같은 자극을 받았을 때도 내가 어떻게 느끼느냐가 중요합니다.

제가 지방에 강의하러 가는 날은 비가 올 때가 많았어요. 부산이나 제주도에 일하러 가는 거긴 하지만 이왕 가는 김에 여행 간다고 생각하면 설레기도 하거든요. 그런데 꼭 비가 오는 거예요. 학교 다닐 땐 방학마다 독일에 갔는데 그때도 매번 날씨가 흐리고 비가 왔어요. 이런 상황이 닥쳤을 때 이렇게 말하는 사람들이 있어요.

"짜증나게 내가 여행 가려고 하는데 비가 와!"

이렇게 말하면 뇌가 불행을 느껴버리죠. 그런데 이렇게 말하는 사람도 있습니다.

"비 오는 날 여행하는 것도 분위기 있겠다!"

이때는 뇌가 행복을 느낍니다. 뇌는 감정과 함께 기억을 편도체에 저장한다고 앞에서 말씀드렸죠? 행복이든 불행이든 다 저장합니다. 여러분은 뇌에 어떤 감정을 더 많이 저장하고 싶은가요? 어떤 감정을 느끼고 싶은가요?

똑같은 환경에 처해도 내가 다르게 느끼면 행복해집니다. 여행 가는 날 비 온다고 불평하는 게 아니라 비 오는 날 여행의 운치를 느끼면서 흠뻑 감성에 젖어보는 거예요. 불평한다고 비가 그치지 않잖아요. 그러니 다른 자극으로 느끼자는 거죠. 같은 자극이어도 긍정적 반응을, 좋은 감정을 선택하는 겁니다.

자극과 반응 사이에는 공간이 있습니다. 자극받은 대로 자동반응하지 말고, 마음의 공간에서 행복을 선택해야 합니다. 자동반응을 하는 사람은 이렇게 반응할 겁니다.

자극 비가 온다.
반응 "짜증나"

마음이라는 공간에서 좋은 감정을 선택한 사람은 이러한 과정을 거칠 겁니다.

자극 비가 온다.
마음의 공간 좋은 감정 선택
반응 "비가 오니 운치 있겠어."

자극을 받고 나서, 반응하기 전에, 마음의 공간에서 좋은 감정을 선택한 거예요. 마음의 공간에서 '아, 이걸 어떻게 행복한 쪽으로 선택해서 말할까?' 하는 생각을 해본 겁니다. 지금부터 우리는 이렇게 할 수 있습니다. 훈련을 하면 우리의 뇌는 변합니다.

지금 여러분의 마음이 힘들고 아프다면 그건 뇌가 아픈 거예요. 마음이 너무 불행한가요? 뇌가 불행한 겁니다. 마음이 괴로운가요? 뇌가 괴로운 겁니다. 뇌를 변화시키면 우리 마음이 바뀌게 됩니다. 마음의 실체는 뇌이기 때문입니다.

부정적 자동사고를 막는 연습

우리 뇌에 긍정의 기억, 긍정의 감정을 자꾸 저장해야 합니다. 그러면 긍정적으로 생각하고 긍정을 발견하고 행복을 발견하는 습관 회로가 장착됩니다. 긍정의 말을 하고 행복을 만들기 위한 행동을 실천하면 내 삶이 그렇게 바뀝니다.

런던대학교 심리학과 연구팀이, 사람이 얼마나 같은 행동을 반복해야 무의식적인 습관이 만들어지는지 실험을 했는데, 평균적으로 21일이 지나면 습관화가 시작되고, 66일이 지나면 무의식 영역에 습관이 자리 잡는다고 합니다.

긍정적으로 말하고 생각하기를 3주 동안, 매일 한 번이라도 실천하세요. 3주가 세 번 지나면 이제 무의식 영역으로 자리 잡아서 우리는 자연스럽게 기분 좋은 말을 하고 주변 사람들에게 좋은 에너지를 전달하는 사람이 될 겁니다.

긍정사고 연습을 통해 작은 자극에 행복을 느끼는 뇌로 만들 수 있습니다. 자극과 반응 사이에 있는 마음의 공간에서 여러분이 불행을 선택할지 행복을 선택할지, 긍정을 선택할지 부정을 선택할지 결정해야 해요. 그때 가장 좋은 결정 방법은 내 감정에 이름을 붙이는 겁니다.

누가 저에게 기분 나쁜 말을 해서 기분이 안 좋아졌어요. 감정이 나빠졌어요. 그럼 대부분의 사람들은 화내거나 짜증내는 반응을 보이겠죠. 그런데 마음의 공간이 있다면 그 공간에서 내가 느끼는 감정에 이름을 붙여볼 수 있습니다. 나쁜 감정이 밀려왔을 때, 그 감정을 단어로 말할 수 있다면 부정적 자동반응에 대처하는 데 훨씬 도움이 됩니다.

"너 왜 이렇게 힘이 없어 보여?"

"아, 몰라. 기분이 별로야. 왠지 기분 나빠. 그냥 기분이 안 좋아. 말 걸지 마."

이건 두루뭉술한 기분일 뿐이에요. 기분이 안 좋다고, 부정적으로만 표현하고 넘어가서 그 감정을 묻어버리려고 하는 거예요. 이러면 감정 해소가 안 됩니다. 나쁜 감정을 해소하려면 감정에 이름을 붙여야 합니다. 자극을 받았을 때 반응하기 전에 '대체 이 감정이 뭘까?' 하고 생각해보는 거죠.

감정에 이름을 붙이고 부정적 자동사고를 예방하는 연습을 해볼까요?

긍정사고 연습 1

하루 종일 집에 혼자 있었어요. 오늘은 카톡도 한 번 안 울렸어요. 문자도 없고 전화도 없었어요. 괜히 카톡 친구 리스트를 처음부터 끝까지 봤는데 연락할 사람도 없고 연락해도 반가워하지 않을 것 같은 기분이 듭니다. 답답한 기분이 드는데 이 감정이 뭔지 모르겠어요.

가만히 생각해보니 나는 누군가의 연락을 기다리고 있네요. 사람들과 이야기하고 싶고 만나고 싶긴 한데 소통하고 있지 않으니 답답함을 느끼는 것 같아요. 내가 느끼는 이 답답함은 '외로움'이라는 걸 알게 됐습니다. 감정의 이름은 외로움이었습니다.

'내가 외로움을 느끼고 있구나. 지금 외롭구나.'

이렇게 감정을 알아차리고 내 감정을 바라보게 된 후에는 어떻게 반응해야 할까요? 우울하고 슬픈 기분에 사로잡히면 무기력해집니다. 앞에서 공포심과 무력감을 느끼면 뇌가 장기저장을 한다고 말씀드렸죠? 이 무력감이 저장되지 않도록 반응을 바꾸어야 합니다. 무력감을 떨치는 가장 좋은 방법은 '움직임'입니다.

"내가 외로움을 느껴서 우울하고 슬픈 기분이 드는 거구나.
우울감이 떨어져 나가려면 뭘 해야 할까?
일단 집 밖으로 나가자. 동네라도 한 바퀴 돌자.
내가 좋아하는 음악을 들으면서 걸어도 되겠다.

그러고 나서는 그동안 못 봤던 드라마를 볼까?

맛있는 거 먹으면서 드라마 보면 좋겠다."

평소에 내가 좋아했던 것들, 즐거워했던 것들을 찾아 나서는 겁니다. 이런 생각이 바로 떠오르지 않는다면, 내가 좋아하는 것 리스트를 만들어보세요. 미리 리스트를 만들어서 잘 보이는 곳에 붙여 놓으면 좋습니다. 나를 기분 좋게 만드는 것들을 적어보세요. 소소한 것, 나와 가까이 있는 것, 쉽게 찾을 수 있는 것, 바로 실행할 수 있는 것일수록 좋아요.

그러면 외로운 생각이 들 때, 좀더 빨리 부정적인 감정에서 벗어날 수 있죠. 부정적인 감정에서는 가능하다면 즉각, 되도록 가능한 한 빨리 벗어나는 게 좋습니다. 그 감정은 늪과 같아서 허우적댈수록, 괴로워할수록 점점 더 깊게 빠져들게 됩니다. 오래 두면 둘수록 빠져나오기가 힘들어집니다. 기분과 생각을 빠르게 전환할 수 있는 무기를 늘 갖고 계셔야 해요. 평소에 나와 대화를 많이 해보세요.

긍정사고 연습 2

아침부터 기분이 안 좋아요. 어제 퇴근하기 전에 팀장에게 지적을 받았는데 지금까지 기분이 안 풀렸어요. 갑자기 변수가 생겨서 일정을 못 맞추게 되었는데 그걸 내 탓으로 모는 것 같아서 불쾌했어요. 아침에 일어나니 머리도 아프고 온몸이 찌뿌둥해요. 이 안 좋은 기분이 뭘까 생각했어요. 나는 '짜증'이라는 감정을 느끼고 있는 중이네요.

내 감정에 이름을 붙였으니 이제 해소할 수 있습니다. 이 감정과 대화를 할 수 있습니다. '짜증'이라는 말을 종이에 적고 그 글자를 바라봅니다. 내 감정을 꺼내서 객관화시켜 보는 겁니다. 그럼 폭주하던 감정이 서서히 누그러집니다.

"짜증! 요즘 짜증이 자주 찾아오네.
그런데 내가 늘 짜증내는 사람은 아니었잖아.
이 감정도 곧 지나갈 거야.
짜증아, 너 얼른 지나가라.
회사 문제는 차근차근 하나씩 풀어나가면 될 거야."

감정과 대화하기는 일시적이지만 즉각적으로 부정적 감정에서 벗어날 수 있는 방법입니다. 일시적이어서 효과가 없을 것 같죠? 아닙니다. 이게 일종의 의식입니다.

부정적 감정이 일어났다면 당장 긴급한 처방을 해야 합니다. '빨리' 벗어나야 해요. 그래서 응급처치를 하는 거예요. 수술은 그다음 단계에서 해야 할 일입니다. 골든타임 안에 빠르게 적시에 응급처치를 해야 합니다. 특히 이미 우울증으로 힘들어하는 분들에게는 이 의식이 너무나 중요합니다. 그리고 이렇게 자동 반응 시스템을 만들어놓으면 우리는 좀 더 가볍고 행복한 기분으로 살아갈 수 있어요.

긍정사고 연습 3

취업 준비만 벌써 3년째 하고 있어요. 친구들을 보면 벌써 직장에서 승진도 하고 성공을 향해 달려가는데 저만 제자리걸음을 하며 뒤처지고 있어요. 스트레스받을 때마다 폭식을 했더니 대학 졸업하고 10킬로나 쪘어요. 집 밖에 나가기도 싫고 사람들 만나기도 싫고…. 그런데 일은 안 풀리니까 잠도 못 자고 불면증에 시달리고 있어요.

이렇게 몇 날 며칠을 안절부절못하며 지냈어요. 앞으로도 안 좋은 일이 생길 것만 같아요. 나의 미래가 어떻게 될지 예측이 되지 않아서 걱정스럽기만 하고 두려워요. 이 감정의 이름은 '불안'인 것 같아요.

'내가 지금 불안한 거구나.
왜 불안을 느끼고 있는 걸까?
내가 계획했던 대로 일이 잘 안 되고 있어서 불안한 거야.
지금 내가 할 수 있는 것에 집중하고 그것을 하자.'

그리고 불안과 대화하세요.

"불안, 안녕!
너 또 찾아왔구나. 요즘은 너무 찾아온다.
어릴 때부터 네가 날 너무 자주 찾아와서
나 너무 괴로운데 이제 가끔만 보면 좋겠어."

내가 뭘 하면 불안이 줄어들지도 생각해보세요. 저는 불안할 때 전화할 사람들을 몇 명 적어놓았어요. 제 마음을 편안하게 해주고 저를 위로하고 응원해주는 사람들이 있어요. 불안할 때는 그 사람들에게 전화하자는 나만의 불안 매뉴얼을 만들었어요.

물론 친구에게 전화해서 "나 불안해. 너무 걱정이 많아서 잠이 안 와." 하면서 마구 하소연하진 않아요. 그러면 듣는 사람이 너무 힘들어집니다. 내 전화를 받아주는 사람을 감정 쓰레기통으로 이용하면 안 됩니다. 그건 너무 이기적인 행동이에요. 그냥 어디 지나가다 네 생각나서 전화했다면서 안부를 묻고 근황을 얘기해요. 그 사람의 목소리만 들어도 마음이 편안해지거든요.

긍정사고 연습 4
어제 친구들을 만나서 그동안 밀렸던 얘기를 실컷 했어요. 남편이 승진해서 억대 연봉을 받는 친구도 있고, 더 넓은 집으로 이사한 친구도 있어요. 누구는 시부모님이 땅을 물려줬대요. 누구는 이번에 차를 바꿨대요. "좋겠다, 잘됐다, 축하해!" 하며 한두 시간 웃고 떠들고 돌아서는데 괜히 기분이 울적해요. 아니, 생각할수록 기분이 안 좋아져요.

'왜 저렇게들 자랑을 못해서 안달이야? 다시는 안 만난다. 괜히 기분만 나빠졌어.'

내가 정말 좋아하는 친구들을 만나고 왔는데 왜 이런 기분이 드는 걸까요? 친구들에 비해 나는 못난 사람인 것 같고 한심하게 느껴져요. 예전엔 내가 공부도 더 잘하고 더 인정받는 사람이었는데 이젠 더 이상 그렇지 않아서 그런 것 같아요. 친구들과의 모임에서 내가 더 잘난 척하지 못해서 '질투'가 났나 봅니다.

질투는 상대방과 비교했을 때 상대보다 더 우위를 점하고 싶고, 더 관심을 받고, 더 사랑받고 싶어 하는 욕구입니다. 내 감정이 '질투'라는 걸 알았으니 대화를 시작할 수 있습니다.

"질투!
너는 내가 지영이만 만나고 오면 나를 찾아오더라.
근데 나도 지영이보다 잘하는 게 있어.
걔는 돈이 많은 부자이고, 나는 인맥 부자잖아.

나를 좋아하는 사람, 함께하는 사람이 얼마나 많은데.

그러니까 질투 너, 지영이 만날 때마다 따라오지 마.

그냥 지영이랑 재미있게 놀게 해줘.

우리끼리 놀 거니까 넌 좀 이제 빠져."

사람을 질투하고 미워하면 영원히 지는 겁니다. '부러우면 지는 거다'라는 말을 많이 하는데요. 부러워하는 건 지는 게 아니에요. 부러움은 자연스러운 감정이에요. 질투하는 게 지는 거예요. 누군가를 능가하고 싶다면 공부하고 책 읽고 좋은 강의 들으세요. 그 사람보다 내가 더 성장하면 됩니다.

일상 중독을 이겨내는 사고 습관 설계

나쁜 습관을 버리고 좋은 습관을 기르는 법

세상에는 두 종류의 사람이 있습니다. 평생 나쁜 습관에 끌려다니는 사람과 좋은 습관을 몸에 익히면서 성장하는 사람. 후자가 되고 싶다면, 더 이상 후회와 반복을 거듭하지 말고 나쁜 습관을 반복하는 행동, 즉 '일상 중독'의 고리를 끊으면 됩니다. 마음먹은 것을 지금 바로 시작하고, 핑계, 변명, 자기 합리화를 버려야 합니다.

습관은 몸에 배어서 생각하지 않고도 자동으로 반복하는 행동을 말합니다. 이미 자동화가 된 행동은 고치기가 참 힘듭니다. 물론 고쳐야 할 상태라고 인지하지 못하는 경우가 더 많지요. 더 성장하고 더 행복한 삶을 누리고 싶다면 잘못된 습관부터 인지해야 고쳐나갈 수 있습니다.

뇌의 '습관 회로'를 이해하면 나쁜 습관을 끊어내는 데 도움이 됩니다. 어떤 부정적인 행동을 반복하다가 습관 회로에 걸려들면 만성 습관이 되어서 평생 질질 끌려다니게 될 수도 있다는 것이죠.

인간 고유의 정신 기능을 담당하는 뇌의 전전두엽은 이성적인 판단을 하고, 행동을 감독하고, 지시하고, 중요한 일에 집중하도록 하는 기능을 담당하는 곳이죠. 그런데 같은 행동이 몇 번 반복되면 전전두엽은 활동하지 않고, 선조체와 감각운동피질이 강화되어서 '행동의 자동화'가 일어난다고 합니다.

결국 습관이란 어떤 행동이 반복되다가 자동적으로 일

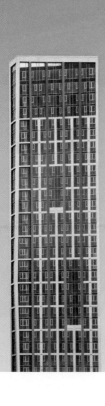

어나는 현상인데, 이 과정에서 의식적인 전전두엽이 거의 작동하지 않기 때문에 '나도 모르게' 습관화된 행동을 반복하게 되는 것입니다. 오래된 습관일수록 버리기 어려운 이유를 아시겠지요? 반복을 통해서 습관 회로가 아주 견고하게 자리 잡았기 때문입니다. 내가 원하지 않는 행동은 습관화되지 않도록 단호하게 끊어버려야 합니다.

습관은 타고난 천성보다 강력한 힘을 발휘합니다. 타고난 천성이 게을러도 괜찮습니다. 부지런한 습관을 익히면 내 인생을 바꿀 수 있습니다. 워털루 전쟁의 영웅, 월링턴 장군은 "습관은 제2의 천성이다. 습관은 본래 가지고 태어난 천성의 10배에 이르는 엄청난 힘을 가지고 있다."고 했습니다. 훈련을 통해 얻어낸 습관이 원래 갖고 있던 충동적 성향을 억제할 수 있습니다.

우리는 아침에 일어나 밤에 잠들 때까지 자동적으로 행동하는 것이 많습니다. 옷을 입고 벗는 것, 먹고 마시는 것, 물건을 사용하고 두는 것, 씻는 방식 등 반사적인 행동이 많죠. 그런데 이 습관이 좋은 습관이냐 나쁜 습관이냐가 관건입니다. 나쁜 습관을 들이면 좋은 천성도 망가져버리지만 좋은 습관을 들이면 좋지 않은 천성도 극복할 수 있습니다. 좋은 습관은 내가 살아가는 데 엄청난 힘이 됩니다. 나이 들수록 더 나은 삶을 살 수 있는 원동력이 바로 좋은 습관입니다.

좋은 습관 만들기를 즐겁게 해보세요. 즐기는 마음을 가지고 좋은 경험을 많이 하면 뇌도 행복해합니다. 행복한 뇌는 좋은 습관을 더 강화시키죠. 나의 좋은 습관은 나의 인생에 분명히 엄청나게 좋은 변화를 가져옵니다.

한 연구에 따르면, 꾸준히 성장하고 성과를 이뤄내는 사람들은 좋은 유전자와 좋은 환경을 가진 것이 아니라 좋은 습관을 가지고 있었다고 합니다. 나를 성장시키는 에너지는 선천적 재능이 아니라 절제력, 노력, 회복력입니다.

여러분은 절제력이 있는 편이신가요? 노력하는 재능은 있는 편이신가요? 절제력과 노력이 어느 정도 있다면 회복력은 자연스럽게 따라옵니다. 그래서 끈기를 통해서 만들어진 좋은 습관이 가장 중요합니다. 천재적인 능력을 타고 태어나는 것보다 끈기를 가진 사람들이 더 성공한다고 심리학은 말합니다.

우리는 조금 더 행복하기 위해, 조금 더 나아지기 위해 좋은 습관을 들이는 건데요. 어제보다 오늘 0.1퍼센트만 부지런해지자는 목표를 가져보세요. 아주 작은 목표인 것 같지만 0.1퍼센트만 부지런해져도 1년이면 36.5퍼센트, 10년이면 무려 365퍼센트 성장합니다. 매년 놀랍게 성장한 나를 발견할 수 있다는 겁니다.

이렇게 변할 수 있는 기회가 눈앞에 있는데도 우리는 실천을 내일로 미루죠. 나의 성장을 유보하는 죄를 나 자신에게 지게 합니다. 성장이 느린 사람들의 공통점은 미루는 습관을 가졌다는 것입니다. 미루는 습관만 버려도 우리는 눈에 띄게 성장할 겁니다.

모든 행동의 대부분은 습관에 의해 결정된다고 합니다. 유전자 중에 자녀에게 강력하게 유전되는 것도 게으름과 미루는 습관입니다. 내 자녀에게 10억 원이라는 경제적 가치를 물려주는 것보다 더 큰 경제적 효과가 바로 행동하는 습관 유전자를 물려주는 것이라고 합니다. 우리가 지금부터 배울, 바로 행동으로 옮기는 습관은 10억 원보다 더 큰 가치가 있는 것이라고 보면 됩니다.

좋은 생각과 감정을 선택하는 습관

행복의 반대말은 무엇일까요? 사전적으로는 불행입니다. 그런데 심리학에서는 행복의 반대말을 '불만'이라고 말합니다. 똑같은 상황에서도 행복을 발견하는 사람이 있고, 불만을 발견해내는 사람이 있습니다.

좋은 생각을 선택하는 습관, 좋은 감정을 선택하는 습관, 지금 바로 행동하는 습관이 인생을 바꿉니다. 이 세 가지 습관이 있다면 삶은 행복으로 충만해질 수밖에 없습니다. 행복을 부르는 습관을 키우고 불행을 부르는 습관은 버리는 연습을 해봅시다.

〈행복한 삶을 보장하는 습관 3가지〉

• 좋은 생각을 선택하는 습관

• 좋은 감정을 선택하는 습관

• 지금 바로 행동하는 습관

걱정이 너무 많나요?

불안을 자주 느끼나요?

무력감을 자주 느끼나요?

이런 감정을 자주 느끼는 것도 습관입니다. 좋은 생각을 선택하고 좋은 감정을 선택하는 습관은 어린 시절 나를 키운 양육자로부터 받은 영향으로 생겨납니다. 긍정적인 말을 하고 나의 자존감을 높여주는 부모님 밑에서 자랐다면 좋았겠지만 그런 경험을 한 사람은 의외로 많지 않습니다. 그런 부모가 되는 것도 쉬운 일이 아니고요.

부모님을 원망하자는 게 아닙니다. 우리가 부모님을 원망할 수 있는 나이는 19세까지입니다. 20세부터는 내가 나를 키워야 합니다. 그래서 우리는 공부를 해야 합니다. 공부해야 새로운 걸 알게 되고 나를 키울 수 있고 내 인생을 변화시킬 수 있기 때문입니다.

하루 중 우리가 깨어 있는 시간은 평균 17시간이라고 합니다. 잠자는 시간을 빼고 17시간은 인간관계를 맺는 시간이고 사방에서 내 마음을 겨눈 화살이 날아오는 시간이라고 생각하면 됩니다. 그런데 사람마다 차이가 있어요. 그 화살을 다 맞고 피를 흘리는 사람이 있는가 하면 튼튼한 마음 근육이라는 방탄조끼를 입고 있어서 화살에 맞아도 피한 방울 흘리지 않는 사람이 있습니다.

어떤 사람들은 나를 향해 날아오던 화살이 바닥에 떨어졌는데 굳이 그 화살을 굳이 주워서 자기 가슴에 꽂습니다. 그러고는 '나한테 왜 이럴까? 왜 나만 무시할까?' 하며 괴로운 마음으로 상담실을 찾습니다. 실제로 그런 사례가 많습니다.

마음의 상처는 내가 선택하는 겁니다. 상처를 받을 것인지 받지 않을 것인지, 상대방의 말을 100퍼센트 접수할 것인지 아닌지는 내가 결정하면 됩니다. 상대가 나에게 상처 주는 것이 목적인 말들이 많습니다. 그 말을 다 접수하고 상대가 원하는 대로 상처받는 것은, 내 감정을 그에게 맡기는 꼴입니다. 내 감정은 내 것이고, 내 품격은 내가 만듭니다.

타인에게 상처받고 찾아오는 사람들에게 저는, 종이를 꺼내서 그가 들은 비난의 말, 오해의 말에 대해서 쓰라고 권합니다. 그런 다음 형광펜을 주고, 그 말 중 인정할 수 있는 부분에만 형광펜을 칠하라고 말합니다. 의외로 100퍼센트 인정할 수 없다는 사람은 드뭅니다. 비난을 받아서 너무 억울하지만 어떤 부분은 인정할 만한 나의 단점이었다고 말합니다.

그렇게 나의 단점을 인정하게 될 때는 "그 말을 듣는 순간에는 기분이 너무 나빴는데 내가 인정할 게 있긴 있었네. 땡큐"라고 말하면 돼요. 내 단점을 고칠 수 있는 기회니까요. 형광펜으로 칠하지 않은 나머지 말들은, 나를 비난하는 데 목적이 있는 말이에요. 내가 인정할 수 없는 억울한 말이

죠. "이건 내가 인정 못함."이라고 쓰고 버리면 됩니다.

이것이 좋은 생각을 선택하는 습관 연습입니다.

살다 보면 억울한 말을 듣기도 하고 나에게 억울한 누명을 씌우는 사람이 있을 수도 있고 관계가 깨어진 경험 때문에 가슴에 피가 날 때도 있죠. 하지만 그건 그때 일어난 하나의 사건일 뿐입니다. 그걸 일반화해서 내 인생 전체에 일어날 수 있는 일이라고 인식하면 앞으로 맺을 수 있는 좋은 관계를 놓치게 됩니다. 그래서 좋은 생각을 선택하고 좋은 감정을 선택하는 훈련을 해야 합니다.

지금 바로 행동하는 습관

'일상 중독'은 자동화된 나쁜 행동 패턴을 무한 반복하는 상태입니다. 여러분이 가진 나쁜 습관이나 버리고 싶은 습관을 하나씩 떠올려보세요. 그리고 왜 버리지 못했는지 한번 생각해보세요. 끊고 싶어도 못 끊는 이유가 있었을 겁니다. 그 나쁜 습관을 고치려면 서서히 끊어야 할까요? 단호하게 끊어야 할까요? 당연히 단호하게 끊는 게 좋습니다.

'오늘, 지금 이 순간부터 나는 변하겠어!'라고 마음먹으면 우리 뇌는 긴장하기 시작합니다. 변화가 시작되는, 좋은 신호입니다.

동시에 내가 원하는 새로운 습관을 습득해야 합니다. 나쁜 습관을 끊어낸 자리에 새로운 습관을 심는 거지요. '매일 독서를 하겠다, 하루에 하나씩 좋은 강의를 듣겠다, 하루에 1만보 이상 규칙적인 운동을 하겠다…' 등등.

환경 바꾸기

좋은 계획을 한 번만이라도 행동으로 실천하고 나면, 그날부터 내 인생에 큰 변화가 일어나기 시작합니다. 뇌는 행동한 것을 강력하게 기억하기 때문이죠. 그런데 행동으로 옮기기가 너무 어렵다고요? 그렇다면 환경을 바꿔보세요.

예를 들어, 책을 읽는 습관을 갖고 싶다고 해봅시다. 집에 있으면 무기력해지고 책상까지 가서 앉는 게 귀찮습니다. 핸드폰을 보거나 TV를 보게 되기도 하고요. 쉽게 몸이 움직이지 않습니다. 그렇다면 환경을 바꿔줘야 합니다.

'주말 아침에 일어나면 무조건 도서관에 간다.'

'주말 아침에 일어나면 무조건 책 한 권 들고 카페에 가서 50쪽 이상 읽고 온다.'

이런 매뉴얼을 만들면 좋습니다.

환경을 바꾸지 않으면 새로운 습관을 들이고 마음을 바꾸는 게 정말 어렵습니다. 나의 의지력에 기대지 마세요. 의지를 다지는 것보다는 환경을 바꾸는 게 더 효과적입니다. 나를 유혹하는 것들을 미리 차단해야 합니다. 우리 뇌에서는 계속 편안하게 지내라고 유혹을 하거든요. 편안함을 추구하는 판단을 내리도록 하는 게 뇌의 본능이에요. 긴장감이 느껴지거나 두렵고 불안해지면 뇌에서 브레이크를 걸어 긴장을 풀고 편안해지라고 말하죠. '작심삼일'의 원인이 뇌에 있었던 겁니다.

체지방을 감량하기로 결심했다면?

→ 식탁에 있는 빵, 과자, 고칼로리 음료를 모두 버리거나

원하는 사람에게 다 줘버린다.

스마트폰 중독이라 생각될 만큼 손에서 핸드폰을 놓지 못
한다면?
→ 밤 10시에는 전원을 끄고, 현관 신발장 위에 올려놓는다.

서서히 양을 줄여나가겠다는 계획은 나쁜 습관을 끊어
내는 데 도움이 되지 않습니다. 결심했다면 지금 바로 딱 끊
고 접근 가능성을 차단해야 성공 확률이 높아집니다. 이것
이 중독적으로 행하던 나쁜 습관을 끊는 첫 단계입니다.

자동행동 규칙

지금 여러분 머릿속에 떠오르는 '일상 중독'은 어떤 게
있나요? 저는 일을 자꾸 미루는 습관이 있었습니다. 우리
인생에서 나를 가장 괴롭히고, 나의 성장을 유보시키는 습
관이 바로 미루는 습관입니다. 저는 미루기 중독자였습니
다. 저조차 제 자신이 마음에 안 들 때가 많았어요. 미루기
라는 일상 중독에서 벗어나기 위해 집 안 곳곳에 메모를 많
이 붙여 놓았습니다. 제가 자주 보는 거울, 자동차 핸들, 연

구실 책상 등 제 눈이 자주 머무는 곳에는 아주 구체적인 행동 규칙들이 쓰여 있습니다. 눈으로 보면 바로 행동으로 옮길 확률이 높아지는 점을 활용한 거죠.

'무조건 ○○○ 한다' 같은 '자동행동 규칙'을 만드는 건데요. 무조건 자동적으로 행동하자는 말입니다.

- 약속 장소에는 무조건 30분 전에 도착한다.
- 보고서나 원고는 무조건 마감시간 1시간 전에 발송한다.
- 기차를 탈 때는 무조건 15분 전에 플랫폼에 대기한다.
- 여행을 갈 때는 무조건 전날 밤에 출발 준비를 마친다.
- 중요한 계약이 있을 때는 무조건 2일 전까지 서류 준비를 끝낸다.

이런 예가 자동행동 규칙입니다. 여러분도 구체적인 행동 규칙들을 만들어보세요.

"뇌는 나의 노력에 따라, 사는 동안 얼마든지 달라질 수 있다."

그동안 뇌과학을 공부하면서 제가 얻은 확신입니다. 뇌 자체의 문제가 원인이 되어 생긴 나쁜 습관도 의지력을 동원하고 유용한 스킬을 익힘으로써 벗어날 수 있습니다.

캐나다 칼턴 대학의 티머시 피츨Timothy A. Pychyl 교수는 미루는 행동이 감정 조절과 관련되어 있다고 주장합니다. 〈심리과학Psychological Science〉지에 실린 연구에서도 그 사실이 증명되었습니다. 실험 참가자 264명의 뇌 영상을 분석한 결과, 미루는 습관이 있는 사람은 그렇지 않은 이들보다 편도체의 크기가 더 컸다고 합니다.

편도체는 뇌에서 감정을 느끼는 부분이에요. 편도체가 큰 사람들은 행동의 결과에 대해 불안감을 더 느낄 수 있으며, 이 때문에 일을 시작하기도 전에 망설이거나 미루는 경향이 있습니다. 편도체의 크기를 줄이는 건 내가 할 수 없지만, 뇌과학자들이 권장하는 방법들을 익히면 미루는 습관을 버릴 수 있습니다.

• 일을 시작하기 전에 방해되는 요소를 최대한 제거한다.

- 일이 끝날 때까지 핸드폰을 끈다.
- 방해요소가 없는 공간이나 집중할 수 있는 환경으로 나를 이동시킨다.
- 짧은 시간 동안 최선을 다해 집중하고 짧은 휴식 시간을 즐기도록 계획을 짠다. (30분 집중하고 5분 휴식하기)
- 마감 시간을 앞당겨 정한다.
- 계획은 구체적으로 쪼개서 짠다.
- 나의 실행을 체크하고 격려해달라고 친한 사람에게 부탁하거나 함께한다.

"평생 몸에 밴 습관인데 과연 고칠 수 있을까요?"

이렇게 질문하시는 분들이 있습니다. 저는 자신 있게 답합니다.

"가능합니다!"

행동 규칙이 구체적이고, 실천을 한 번, 두 번 꾸준히 반복하다 보면 반드시 나의 습관이 됩니다. 21일 동안 반복하면 습관화되기 시작하고, 66일 동안 반복하면 무의식적인 습관이 만들어집니다.

2부 밝고 빛나는 삶을 위한 습관 공부

매일 하는 게 중요합니다. 중간에 하루 빠졌다면 어떻게 해야 될까요? 다시 처음으로 돌아가서 시작하면 됩니다. 21일 동안 매일 자동행동 규칙을 지키면 우리의 뇌에 새로운 습관이 각인됩니다. 뇌가 아마도 '이 사람이 변했나 봐. 이제는 미루지 않고 바로바로 행동한대. 움직여!'라고 말할 거예요. 새로운 사고 습관이 만들어졌다는 뜻이죠.

3주 동안 실천해냈다면 3개월을 유지하는 힘이 생깁니다. 이어서 3개월을 유지하고 나면 1년을 지속할 수 있는 강력한 힘이 생깁니다.

자신만의 자동행동 규칙을 만들고, 소리 내어 말하며 다짐하고, 바로 실행하는 연습을 해보세요. 나의 뇌를 믿으세요. 나의 변화를 응원해줄 가장 든든한 지원군 또한 뇌입니다.

무력하고 우울한 일상을 바꾸고 싶다면 이 말을 주문처럼 외워야 합니다. 눈으로 보고 귀로 듣는 것은 학습이지, 행동은 아닙니다. 그런데 소리 내어 나의 목소리로 한번 발

나의 뇌는 내 편이다.

믿고 시도하면 바로 움직인다!

믿고 소리 내어 읽고

내가 원하는 걸 바로 행동으로 옮기자.

음하는 것은 '행동'입니다. 우리 뇌는 누구 목소리를 제일 좋아할까요? 나의 뇌는 내 목소리를 제일 좋아합니다. 내 목소리로 힘차게 외치고 지금 바로 행동을 시작하면 됩니다.

나를 성장시키는 좋은 습관을 갖게 되면 자아존중감이 충만해지고 대인관계에 자신감이 생기고 활기찬 에너지가 생성됩니다. 함께 대화하고 싶고 함께 일하고 싶은 사람이 되는 거죠.

저도 좋은 습관을 만든 덕분에 새로 태어나는 것 같은 경험을 한 적이 있습니다. 저는 늘 새벽 4시 반에 일어나는데요. 십대 시절에 생긴 습관입니다. 제가 고등학교 1학년 때 대학 못 가면 어떡하나 하는 걱정이 너무 많았어요. 걱정이 심해져서 공포감을 느낄 지경이 되자 저희 아버지가 함께 새벽 4시 반에 일어나주셨어요. 그리고 아버지가 어느 책에서 읽었다고 21일-66일 법칙을 알려주셨어요.

저희 아버지가 물려주신 유산 중에 가장 큰 건 새벽 4시 반에 일어나기를 함께해 주셨던 것이에요. 저는 지금도

4시 반에 일어나 7시까지 글 쓰고 책 보고 강의 준비를 합니다. 그 조용한 새벽 시간을 활용하는 건 너무나 엄청난 일입니다. 집중력을 최대한 발휘하게 되어 낮에 5시간을 해도 못할 분량의 일을 끝낼 수가 있어서 저에겐 가장 소중한 시간입니다.

하루에 A4 1장씩 글을 쓰면 1년에 365장의 글이 쌓입니다. 이 분량이면 책 3~4권을 낼 수 있습니다. 사람들은 다자기 인생이 소설책 10권 분량은 된다고 말합니다. 하지만 실제로 책으로 쓰는 사람은 별로 없어요. 매일 글쓰기 습관을 들인다면 원고를 만들어서 얼마든지 책을 낼 수 있습니다. 요즘엔 독립출판물로도 출간을 하고 내가 원하는 만큼 소량만 제작할 수도 있습니다. 그렇게 제작된 책이 예상치 못한 인기를 얻어서 베스트셀러가 될 수도 있죠. 중요한 건 '실천'입니다.

실천만이 실력이 됩니다. 실천을 하면 기회가 생깁니다. '나도 책 한 권 쓰고 싶어.'라는 마음이 있다면 지금 바로 행동해보세요. 행동으로 옮길 때 소망은 현실이 됩니다.

나는 지금 무엇을 시작하고 싶나요?

어떤 습관을 만들고 싶나요?

이 질문에 대답할 수 있다면, 당신은 새로 태어날 준비가 된 겁니다.

불안한 사람도 편안해지는 사소한 습관

불안할 때 해야 할
3가지 행동

키르케고르는 '인간은 살아 있는 한 불안에서 결코 벗어날 수 없다'고 말하면서 우리가 실존적 존재자로서 자신을 회복하려면 불안을 제대로 배워야 한다고 말했습니다. 불안이 인간이라면 겪을 수밖에 없는 감정임을 깨달아야 합니다. 불안은 인간 내면의 가장 본질적 요소이자 지극히 자연스러운 현상입니다.

2부 밝고 빛나는 삶을 위한 습관 공부

불안을 느끼지 않는 사람은 없습니다. 누구나 불안을 느끼지만 불안을 느끼는 강도나 대처하는 방식은 사람마다 다릅니다. 불안도가 높은 사람은 사실 뭐든 잘하고 싶은 마음이 큽니다. 한편 나는 잘하고 싶은데 노력해도 잘 안 되고 실패의 경험이 컸다면 그것이 강하게 인식되어 불안이 커지기도 합니다. 불안은 미래에서 온 것이라고도 하죠. 일어나지 않은 일에 대한 막연한 두려움이라는 뜻입니다.

실제로 우리가 걱정했던 일들을 떠올려보세요. 내가 걱정했던 일, 불안해했던 일, 두려웠던 일들이 실제로 일어나서 큰일이 났는지 생각해보세요. 매번 그 일이 일어났나요? 매번 내가 걱정했던 일이 현실이 되어서 나에게 엄청난 고통을 안겨줬나요? 아마 그런 일은 거의 없었을 겁니다. 우리가 걱정하는 일의 96퍼센트는 일어나지 않는다고 했으니까요.

내가 불안을 자주 느낀다면 나는 어쩌면 일어나지도 않을 일에 나의 현재 시간을 저당잡힌 채 불안의 노예로 사는 것일 수도 있습니다. 과거에 내가 어떤 일로 고민했을 때 그 일이 정말 일어났던가 한번 되짚어볼 필요가 있습니다. 뭔가 불안해서 미칠 것 같을 때, 불안해서 잠이 안 올 때, 일이 손에 안 잡힐 때, 왜 불안한지를 반드시 종이에 써보세요. 그러고 나서 시간이 얼마쯤 지났을 때 확인하는 겁니다. 그 일이 진짜 일어났는지, 일어나려는 조짐이라도 보이는지 혹은 일어나지 않았는지 말이에요. 이렇게 내 불안을 글로 써서 확인하고 실제로 그 일이 일어난 것인지 확인해보면 불안을 훨씬 더 빨리 잠재울 수 있습니다.

진화심리학적 관점에서 보면 불안은 인간의 생존 및 번식의 필수적인 요소입니다. 인간은 맹수와 자연의 위협으로부터 자신을 안전하게 보호하기 위해 집을 짓고 담을 쌓았고 무기를 만들었어요. 갑자기 맹수가 쳐들어오면 어떡하나, 우리 가족이 다치면 어떡하나 불안하기 때문에 도구를 만들고 울타리를 만들고 집을 만들면서 자신과 가족을 보호할 방법을 찾았던 거죠. 그래야 살아남을 수 있었으니까요.

농사를 짓는 과정을 생각해볼까요? 오늘 씨를 뿌려서

내일 열매를 먹을 수 있나요? 열매를 거두려면 수개월을 기다려야 합니다. 지금 일하지 않으면 가을부터 겨우내, 봄이 올 때까지 굶을 수도 있다는 불안감 때문에 열심히 농사를 지었던 겁니다. 게다가 한 가지 작물만 심었다가 그 농사가 실패하면 위험해지니까 여러 가지 작물을 심었습니다.

이렇게 모든 삶에 있어서 불안은 우리에게 꼭 필요했고 우리가 살아남을 수 있도록 도왔습니다. 그리고 우리를 성장하게 만들었습니다. 불안은 인류 생존의 역사와 함께해 왔습니다. 불안은 생존에 꼭 필요한 감정입니다.

불안은 인간에게 꼭 필요한 감정이라는 것을 알게 되었으니, 이제 불안한 마음이 닥쳐오면 당황하지 말고 긍정의 에너지와 동기로 바꿔봅시다. 할 수 있다고 믿으면 됩니다.

"나는 자주 불안을 느끼는 사람이긴 해. 하지만 불안하기 때문에 내가 더 많이 노력하고 성장했어. 괜찮아."

나의 긍정적인 경험을 자꾸 기억해내야 합니다. 그러

면 우리가 불안을 잘 활용해서 도전 에너지와 긍정 에너지로 활용할 수 있습니다. 불안을 뿌리 뽑는다, 불안을 없애버린다, 이건 불가능해요. 그리고 좋은 방법도 아닙니다. 좋은 에너지로 바꿔쓰면 됩니다.

그런데 이 불안을 긍정 에너지로 활용하지 않고, 내버려두면 '무기력'으로 변해버립니다. 아마도 무기력 때문에 힘든 적이 다들 한 번쯤은 있으셨을 겁니다. 심하게 무기력할 때는 손가락 하나 까딱하는 것도 힘들었을 거예요. 일어나 앉을 수조차 없고, 누워 있을 때도 '나는 왜 이럴까, 왜 이리 게으를까, 언제쯤 정신 차릴까?' 하며 자신을 비난했을 거예요.

불안할 때 아무것도 안 하고 가만히 있으면 정말 무서운 무기력증이 옵니다. 꼼짝도 못 할 정도로 몸이 천근만근 무겁고 마음에 에너지도 생기지 않습니다. 그래서 불안할 때는 행동을 해야 합니다. 불안을 좋은 에너지로 바꾸는 연습을 해야 합니다.

불안이 나를 덮칠 때 꼭 해야 할 행동 세 가지가 있습니다.

뻔뻔해지기

우리는 보통 불안해지면 자아성찰부터 합니다.

'내가 도대체 왜 이러지?'
'나는 왜 이렇게 자신감이 없지?'
'정말 미래가 불안해.'
'모아 놓은 돈도 없고 능력도 없는 것 같아.'
'사람들이 나를 별로 안 좋아하는 것 같아.'
'내가 앞으로 잘 살 수 있을까?'

갑자기 내가 어떤 사람인지 뜯어보고 단점을 찾아서 반성하는 겁니다. 문제가 생기면 자신부터 탓하고 유독 자기 자신에게 엄격하고 남에게 폐 끼치는 것을 싫어하는 사람들이 있습니다. 이런 성향을 가진 사람들을 에코이스트라고 하는데요. 자기애성 성격장애라 불리는 나르시시즘과 정반대의 특성을 가지죠. 에코이스트는 자기 반성과 자아 성찰을 너무 많이 하기 때문에 자존감이 낮습니다.

불안할 때 내가 뭔가 잘못됐다고 생각하거나 실패 경험을 떠올리지 말고 내가 잘했던 것을 생각해보세요. 내가 살면서 잘한 것들이나 작지만 성과를 거둔 일들을 종이에 써봅니다. 왜 종이에 직접 글씨를 써야 할까요? 우리가 불안하고 우울하고 마음이 힘들 때 글자로 써서 눈으로 확인하고 내 목소리로 들으면 뇌에 자극을 주게 됩니다. 추상적인 생각을 만져지는 것, 보이는 것, 물질적인 것으로 바꿔주는 거죠. 그러면 떠다니던 생각을 정리해주는 효과가 나타납니다.

저도 불안과 강박이 너무 심해서 13년 전에는 약을 먹어야 그나마 버틸 수 있었어요. 그런데 약을 먹는다고 마음이 편안해지진 않았어요. 수많은 방법을 시도해보다가 당시 직접 체험해서 깨달은 방법들을 지금 여러분께 말씀드리고 있습니다. 그때 저를 살려낸 비법을 알려드리는 거예요.

2부 밝고 빛나는 삶을 위한 습관 공부

마음이 힘들거나 불안할수록 종이를 꺼내 놓고 써보세요. 내가 성공했던 것들을 써 내려가는 겁니다.

- 내가 원하는 대학에 합격했었어.
- 회사에 들어가서 돈도 벌고 있어.
- 좋아하는 사람과 연애에 성공했었지.
- 사랑스러운 아이도 낳았지.
- 내가 진행했던 프로젝트가 잘돼서 포상도 받았었어.

이렇게 잘난 척도 하고 뻔뻔해져보세요. 성취감을 느꼈던 일들을 쓰다 보면 점점 턱이 올라가고 눈은 아래로 보게 되죠. 이렇게 파워 포즈도 취하면서 나를 추켜세워주세요.

탁 트인 넓은 곳으로 가기

많이 불안하고 정말 무기력할 때, 정신을 차리고 주변을 둘러보세요. 아마 나는 좁은 곳에 있을 확률이 큽니다. 누구도 만나고 싶지 않아서 혼자 동굴로 숨고 싶었기 때문입니다. 그런데 좁은 공간에 있으면 내가 크게 느껴집니다. 그러면 내가 가지고 있는 불안도, 두려움도, 공포도 크게 느껴집니다.

하얀 종이에 점을 하나 찍었습니다.

그런데 이 종이를 작게 접으면 어떻게 될까요?

큰 종이에 있을 때보다 이 점의 존재가 더 크게 느껴집니다. 불안하고 부정적인 생각이 들고 무기력해지고 부정적인 감정이 나를 덮칠수록, 동굴에서 벗어나 넓은 곳으로 가야 합니다. 내 존재가 작게 느껴지도록요. 문밖으로, 탁 트인 곳으로, 가는 거예요.

저는 가끔 천체 망원경으로 토성이나 목성을 보는데요. 그러면 우주의 광활함이 몸으로 느껴지면서 내가 얼마나 작은 존재인가 하는 생각을 하게 됩니다. 달을 볼 때도 그래요. 내가 작게 느껴지면 불안도 작게 느껴져요. 좁은 방에만 있으면 걱정, 근심, 불안의 크기가 점점 커지면서 나를 덮쳐버립니다. 불안이 나를 잠식해버립니다. 넓은 곳으로 가면 그 공기와 넓은 시야를 확보하는 순간 내 불안과 걱정도 점점 작아져요.

믿을 만한 사람들을 만나서 대화도 나누세요. 그러면 그 사람들이 나에게 필요한 얘기를 해줄 거예요.

"나도 그랬어. 그래서 그거 금방 괜찮아져. 그 일은 일어나지 않아."

"야, 너 잘한 게 더 많은데 왜 그래. 요즘 몸이 힘드니까 불안이 커졌나 봐. 괜찮아."

위로의 말이 별것 아닌 것 같아도 큰 힘이 되어줄 거예요.

불안과 무기력이 심해질 때는 좁은 공간에 혼자 있어서는 안 된다는 것을 꼭 기억하세요.

아주 작은 성취감 느끼기

불안을 많이 느끼는 사람들의 공통점이 뭔지 아세요? 바로 너무 큰 계획을 세운다는 겁니다. 그들은 욕심도 많고 꿈도 매우 큽니다.

예를 들어, 한 달 안에 책 한 권을 쓴다는 계획을 세웠다고 해보죠. 마감일은 다가오고 있는데 한 글자도 못 쓴 상태라면 어떨까요? 해야 하는데 할 수가 없으니 '한 달 안에 다 못 쓸 것 같은데 언제 하지? 어떡하지?' 하며 걱정에 매몰되고 말 겁니다.

산이 너무 높아 보이기 때문에 감히 올라갈 엄두가 안

날 거예요. 결국 계획에 짓눌려 괴로워합니다. 자책하고 나를 야단치기만 할 거예요. 그렇게 무기력증에 빠지게 되는 겁니다. 불안을 방치해서 그런 거예요. 우리는 거창한 계획을 세우고 나를 채찍질합니다. 그러면 더욱 불안해지겠죠. 그러니 스스로에게 너무 큰 미션을 주면 안 됩니다.

'해야 해. 해내야 해. 해. 힘내. 의지력을 가져봐.'
너무 많은 숙제를 내주고 혼내고 다그치는 감독관이 내 안에 있어요. 그런데 실제로 그걸 하기엔 너무 벅찬 내가 '무서워. 못할 것 같아. 불안해. 포기할래.' 하면서 무기력증에 빠지는 겁니다.

그럴 땐 나에게 작은 미션을 주세요.
'하루에 딱 한 문단만 쓴다, 혹은 세 문장만 쓴다' 같은 100퍼센트 성공할 수 있는 작은 일을 주는 거예요. 아침에 일어나서 오늘 해야 할 일을 생각해볼 때, 지금 내가 성취할 수 있는 일이라면 불안하지 않아요.

자꾸 실패하면 자기 효능감이 떨어지고

자기 효능감이 떨어지면 동기부여가 되지 않고
동기부여가 되지 않으면 다시 실패하며
무기력해지게 됩니다.
100퍼센트 성공 가능한 작은 일을 시작하세요.

앞부분에서도 언급했던 행동 처방을 더 구체적으로 다루어 보겠습니다. 모두 제가 실천하고 있는 것들입니다. 예전에 저는 계절이 바뀔 때마다 대청소 계획을 세웠습니다. 계절에 맞게 인테리어도 바꾸고 계절에 맞는 옷도 꺼내고 창틀에 쌓인 먼지도 닦고 집 안을 대대적으로 정리하고 청소하고 싶었거든요. 그런데 계획과 달리 한 달 내내 걱정만 하고 있더라고요. 대청소하는 게 엄두가 안 나서요. 실내는 더 엉망이 되고 정리가 안 되더군요. 그래서 전략을 바꿨습니다. 대청소 대신 작은 청소를 하기로 했어요.

아침에 일어나면 종이를 꺼내서 씁니다. 오늘 하루 동안 100퍼센트 성공할 수 있는 작은 미션들을 몇 가지만 정합니다. 번호를 붙이면 더 좋아요.

1. 바로 설거지 하기
2. 작은 빨래하기
3. 화장대 정리하기

설거지는 할 수 있는 일이에요. 그런데 쌓아놓고 한꺼번에 하려고 하면 너무 힘드니까 설거지거리가 작게 모였을 때 해치워버리면 좋습니다. 빨래량이 적으면 널 때도 갤 때도 힘이 덜 듭니다. 저는 3.5킬로짜리 아주 작은 세탁기를 쓰고 있어요. 매일 혹은 이틀에 한 번씩 빨래를 돌립니다. 그러면 너는 것도 개는 것도 몇 분 안 걸려요.

그밖에 오늘은 책상 위만 정리하기, 가방 안 정리하기, 침대와 테이블 정리하기, 옷장 첫 번째 서랍만 정리하기 등 이렇게 작은 미션을 줘요. 부지런한 사람이 보면 한심하다고 생각할지도 모르겠습니다만, 저에겐 이게 맞아요. 그렇게 해야 성취할 수 있고 해낼 수 있거든요.

작은 일들을 해내고 나면 불안하지 않습니다. 이렇게 매일 작은 성취감, 성공을 조금씩 모으면서 무기력에서 벗어날 수 있습니다.

불안할 때 꼭 해야 할 세 가지 행동, 정리해볼까요?

1. 뻔뻔해지자. 자아성찰하지 말자. 잘난 척해보자.

2. 넓은 곳으로 가자. 내 존재가 작게 느껴지는 넓은 곳으로 가고, 나에게 긍정적인 에너지를 줄 수 있는 사람을 만나자.

3. 작은 일을 성취하자. 성취의 기쁨과 만족감이 에너지를 만든다.

기억하세요. 여러분이 지금 걱정하는 그 일이 실제로 일어날 가능성은 4퍼센트입니다. 그래도 확률이 있는 거니 일어날 수 있다고요? 일기예보를 보고 오늘 비 올 확률이 4퍼센트라고 하면 우산을 챙겨 가시나요? 아마 강수확률이 40퍼센트여도 안 챙기실 거예요. 왜냐면 50퍼센트는 넘어야 비가 올 거라고 확신하니까요.

이미 끝난 일과 일어나지 않을 일에 현재 나의 마음과 생각을 소비하지 말아요. 사람은 나이가 들수록 지혜가 생깁니다. 경험의 지혜가 생기죠. 우리는 이미 체험했잖아요.

어떤 고통도 영원히 지속되지는 않아요.
지나갑니다.
곧 지나간다는 걸 믿으세요.
그때는 죽을 것 같았을 거예요.
정말 숨을 쉴 수가 없었을 거예요.
그런데 그 고통도 끝났어요.
시간이 지나니까 잊혔어요.
그 경험을 이미 해보셨잖아요.
그 경험을 노트에 쓰세요.
종이에 적고 잘 보이는 곳에 두세요.

그 불안도,
그 괴로움도 끝났다고,
지나갔다고,
나에게 이야기해주세요.

에코이스트의 특성 및 행동

✦ 특별해지는 것에 대한 두려움, 또는 어떤 식으로든 눈에 띄는 것에 대한 두려움이 있다(나르시시즘의 반대). 나르시시스트가 스포트라이트를 받고 있는 동안 에코이스트는 그림자에 있거나 스포트라이트를 들고 있어서 나르시시스트를 밝게 비춰주는 사람이다.

✦ 관계에서 무언가 잘못되면 즉시 자신을 비난한다.(나르시시스트는 아마도 에코이스트를 비난할 것이다.)

✦ 자신의 필요를 충족시키기보다 다른 사람의 필요에 집중한다. 자신이 좋아하고 사랑하는 사람들이 생각과 의견을 표현할 수 있도록 자신의 목소리는 포기한다.

✦ 자신보다는 관계를 우선시하고 그러한 관계를 유지하기 위해 희생한다. 타인을 챙기느라 나를 돌보지 못한다.

✦ 에코이스트는 민감하고 공감력이 강하다. 아마도 어렸을 때는 부모님의 말씀을 잘 듣는 사람이었을 것이다. 뛰어난 공감 능력을 자기 관리에 활용하기보다는 다른 사람들과 조화를 이루기 위해

사용한다. 그렇게 해야 한다고 배웠기 때문이다.

✦ 에코이스트는 도움 요청하는 걸 불편해한다. 다른 사람이 자신을 도울 여력이 없을 거라 생각한다. 도움이 필요할 때 도움을 받지 못하면 훨씬 더 괴로울 거라고 생각해서 아예 도움을 요청하지 않는다.

✦ 칭찬을 싫어한다. 칭찬을 받았을 때 무엇을 해야 할지 모르기 때문에 그런 말을 듣는 게 괴롭다.

✦ 물건에 대한 집착이 없고 선호도를 묻는 것도 좋아하지 않는다.

✦ 사람들에게 짐이 되고 싶어하지 않는다. 내가 부담스럽게 행동하거나 타인에게 무언가 요구하면 인간관계를 망칠 거라고 생각한다.

✦ 쾌락이나 기쁨을 즐길 자격이 없다고 생각한다. 성적으로도 침실에서 자신의 욕구를 표현하는 데 어려움을 겪는다.

나를 망치는 고장 난 생각들

합리적 판단을 방해하는
사고 오류

내 기분이 안 좋다고 자꾸 부정감정을 택하다 보면 많은 기회를 놓치게 됩니다. 좋은 사람도 놓치게 됩니다. 별것도 아닌 일에 기분이 나빠지고 크게 섭섭함을 느껴서 사람들과 멀어진 적이 있으신가요? 자신에 대해 늘 부정적으로 평가하는 습관이 되어 있어서 도전하지 못하고, 나 자신을 자존감이 아주 낮은 사람으로 만들어버리지는 않았나요?

우리는 죽는 그 순간까지 좋은 사람으로 성장해 나갈 수 있습니다. 우리의 뇌는 좋은 습관을 받아들이고 더 긍정적인 사람으로 변화할 수 있는 역량을 가지고 있습니다.

물론 이런 결과가 하루아침에 만들어지는 건 아닙니다. 이 책에서 알려주는 방법을 늘 기억하고 있다가 바로 실천하면 얼마든지 더 긍정적이고 행복한 삶으로 나아갈 수 있습니다.

우리의 뇌가 어떤 상황을 인지하고 판단할 때, 부정을 선택하게 되는 이유는 잘못된 인지 활동으로 인한 생각의 오류가 발생하기 때문입니다. 논리적으로 생각하는 것이 아니라 자신의 감정에 치우쳐 이상한 논리에 빠져버리는 것이죠. 이를 사고 오류라고 합니다.

사고 오류는 인지 행동치료에서 쓰는 말이기도 한데요. 스스로를 옭아매어 부정적으로 생각하게 만드는 사고 오류를 잘 알아차리면 마음의 감옥에서 벗어날 수 있습니다. 지금부터 현실을 제대로 지각하지 못하거나 사실이나 의미를 왜곡하여 받아들이는 사고 오류를 피하는 연습을 해보려고 합니다. 사고 오류를 분석하면 생각의 방향을 긍정적으로 전환할 수 있습니다. 이 연습을 통해 긍정적 자동사고 습관을 만들 수 있습니다.

긍정적인 뇌와 부정적인 뇌는 유전적으로 결정되는 것이 아닙니다. 우리의 무의식이 그렇게 유도하는 것일 뿐입니다. 무의식 영역은 나의 어린 시절 양육 환경이나 경험에 영향을 받습니다. 실패 경험을 많이 했거나 무서운 경험을 한 것들이 모여 부정적 무의식을 만들 수 있죠. 하지만 그런 무의식 영역도 얼마든지 긍정사고 습관을 통해 재설정할 수 있습니다.

여러분의 뇌는 어떤 사고 습관을 가지고 있나요? 긍정적 자동사고를 하나요? 부정적 자동사고를 하나요? 누군가는 늘 긍정적이거나 늘 부정적인 게 아니라 컨디션에 따라 달라진다고 답할 수도 있습니다. 요즘 여러 가지 일이 한번에 몰려서 힘든 상태라면 부정적으로 생각하려는 경향이 커질 수 있고, 건강 상태나 기분도 좋고 걱정거리도 없다면 긍정적으로 생각하기가 더 쉬울 겁니다.

나의 자동사고에 숨어 있는 생각의 실수를 깨닫고 바꾸는 연습을 해보겠습니다. 긍정사고 훈련을 하면 기분에 따라 태도가 달라지는 습관도 고칠 수 있습니다.

오류 1: 과잉 일반화의 오류 Overgeneralization

우리에게 너무 익숙한 사고 오류죠. '과잉 일반화'란 특정 상황을 마주했을 때 이전 경험을 바탕으로 성급하게 일반화하려는 경향을 말합니다. 부정적으로 생각하는 뇌를 가진 사람들은 부정적으로 일반화하는 습관을 가지고 있습니다.

"나 이거 못해."
"나는 원체 운이 없는 사람이야."
"나는 처음부터 시험 못 봤어."
"나는 원래 인기가 없어."

이런 식으로 무의식에서 부정을 택하고 비관적인 생각

만 하면서 뇌가 부정적으로 사고하는 데 자동화되어 있으면 내 인생은 너무 우울하고 고달플 수밖에 없습니다. 이때 성급한 일반화 오류를 반박하기 위해서는 스스로 옭아맸던 규칙의 예외 사례를 발견하는 것이 가장 좋습니다.

오류의 말

나는 말을 못해. 늘 우물우물 말하고 한 번도 조리 있게 발표한 적이 없어.

생각해보죠. 나는 평생 말을 못하는 사람이었을까요? 인생을 살면서 모든 사람이 나와 대화할 때 '저 사람 말 되게 못한다'라고 생각했을까요? 실제로 그럴 확률은 아주 낮습니다. 과잉 일반화를 빨리 바로잡지 않으면 부정적 신념에 사로잡혀서 정말 그런 사람이 되어버릴 수 있습니다. 말이 씨가 된다는 속담이 있지요? 이를 심리학에서는 '부정적 자기 실현적 예언'이라고 합니다. 내가 말을 못하는 사람이라고 생각하고 있으면 앞으로도 나서서 의견을 내거나 발표할 일이 줄어들면서 점점 더 말을 못하게 되는 것이죠.

내 사고 규칙의 예외를 찾아보세요. 반드시 있습니다. "아니!"라고 소리 내어 말해보세요. "아니!"라는 외침은 부정적 자동사고가 작동할 때 필요한 '긴급 제동 장치'입니다. "아니!" 하고 외치고 예외를 떠올리는 겁니다.

예외 찾기

아니! 내가 발표는 잘하지 못해도 친구들 앞에서는 말을 잘해. 그리고 한 사람과 대화할 때는 말을 재밌게 하기도 해. 내 눈을 똑바로 바라봐주고 고개를 끄덕여주고 공감해주는 사람 앞에서는 말이 술술 잘 나와. 그럴 땐 말 잘한다는 소리를 들은 적도 있어.

이런 예외가 반드시 있다는 겁니다. 나의 사고 오류를 바로잡기 위한 예외 찾기 연습을 평소에 자주 해보는 게 중요합니다. 그러면 나는 말을 잘 못하는 사람이라는 부정적인 생각이 떠오를 때 즉각 긍정사고로 넘어올 수 있습니다.

오류 2: 흑백논리Dichotomous Thinking

양극단으로만 생각하고 타협점을 찾으려고 하지 않는

이분법적 사고방식을 말합니다. 성공 아니면 실패라고 생각하기 때문에, 공부를 하면 100점을 맞아야 하고, 목표 매출은 무조건 달성해야 한다고 믿습니다. 바로 완벽주의자들이 빠지기 쉬운 사고 오류이죠. 완벽하지 않은 것은 곧 잘못된 것이라고 판단해버리는 겁니다.

> ### 오류의 말
>
> 1년 동안 공부했는데 공무원 시험에 합격을 못하다니. 아무 의미 없어.

> ### 예외 찾기
>
> 아니! 내가 오랫동안 열심히 공부한 걸 내가 알고 있잖아. 목표를 정하고 노력했던 게 중요한 거야. 나는 노력할 줄 아는 사람이야. 끈기도 강한 사람이야.

오류 3: 선택적 추상화 Selective Abstraction

사소한 부분에만 초점을 맞추고, 그 부분을 가지고 전체를 판단하는 것을 말합니다. 다른 여러 가지 요소를 고려해서 판단하지 않고 어떤 한 가지만 고려하는 겁니다.

이번에 우리 팀에 새로운 팀원이 입사를 해서 전체 회식을 하게 되었는데, 그 자리에 부장님도 참석을 하셨습니다. 부장님이 직접 직원을 소개하셨어요.

"○○○씨는 이번에 엄청난 경쟁률을 뚫고 입사했어요. 실력도 출중한데 인사성도 밝고 붙임성도 좋아서 ○○○씨 덕분에 회사 분위기가 환해졌어요. 앞으로도 기대가 됩니다."

그때 선택적 추상화 오류가 작동하면 이런 말이 떠오릅니다.

오류의 말

나는 붙임성도 없고 별로여서 싫었다는 건가?

예외 찾기

아니! 나는 부장님에게 예의 없게 행동한 적이 없어. 사람들과도 잘 지내려고 노력했어. 새로운 직원이 와서 더 좋은 분위기를 만들 수 있어서 다행이야.

오류 4: 잘못된 명명Mislabelling

어떤 하나의 행동이나 부분적 특성을 토대로 사람이나 사건에 대해 완전히 부정적이고 단정적으로 명명하는 걸 말합니다.

한 번 실패한 경험을 가지고 자신을 늘 패배자로 생각하거나 자신이나 타인에게 낙오자, 무능력자, 실패자 등으로 과장된 명칭을 붙이는 것도 '잘못된 명명'의 사고 오류입니다.

오류의 말

난 실패자야. 제대로 해낸 일이 하나도 없잖아.

예외 찾기

아니! 내가 지금까지 이룬 일이 얼마나 많은데! 대학에 합격했어. 회사에 다니며 돈도 벌고 있어. 엄마 아빠가 나를 보며 뿌듯하게 웃을 때도 있어. 나의 후배는 내 덕분에 일을 많이 배웠다고 고마워했어. 나는 내가 할 수 있는 일을 하며 잘 살고 있어.

오류 5: 극대화와 극소화Magnification/Minimization

어떤 직원이 딱 한 번 지각을 했는데 그날따라 사무실을 한 바퀴 돌아보던 사장님과 딱 마주쳤어요. 사장님이 그 직원을 근무태도가 태만하고 게으른 사람이라고 판단해버린다면 바로 의미 확대의 오류를 범하고 있는 겁니다.

반대로 평소에 게으르다고 판단했던 직원이 목표 매출을 달성하자 '이번에 운이 좋았네. 다른 사람들이 옆에서 많이 도와줘서 그런 거겠지.'라고 생각했다면 그건 의미 축소의 오류에 해당됩니다.

> 오류의 말

이렇게 어처구니없는 실수를 하다니 난 이쪽으로는 소질이 없나 봐.

> 예외 찾기

아니! 한 번 실수했을 뿐이야. 이제 이 일을 익히기 시작했을 뿐이야. 성급할 거 없어. 똑같은 실수를 하지 않도록 차근차근 원인을 파악하면 돼.

오류 6: 긍정 격하 Disqualifying the Positive

자신의 능력을 낮춰서 평가하거나 긍정적인 경험을 부정적인 경험으로 전환해버리는 오류를 말합니다. 객관적 기준이 아니라 자신만의 엄격한 기준을 세워 자신의 성공을 과소평가하는 것이죠. 겸손함과 착각할 수 있는데요. 능력이 훌륭한 사람인데도 자신의 성공을 낮춰서 말하고 그저 운이 좋았다고 평가하는 건 겸손이 아니라 자기 비하입니다.

오류의 말

내가 이번에 성공한 건 운이 좋았을 뿐이야.

예외 찾기

아니! 내가 그동안 실력을 쌓고 능력을 잘 키웠어. 영어 공부나 업무 관련 공부를 얼마나 열심히 했는지 내가 알잖아. 밤 늦게까지 야근하고 잘 해내려고 애썼던 결과야.

오류 7: 파국화 또는 재앙화 Catastrophizing

어떤 일을 지나치게 걱정하고 과장하여 항상 최악의

경우를 생각하는 걸 말합니다. 걱정이 많아지면 불안이 높아지고 정말 아무것도 손에 잡히질 않습니다. 그 두려움으로 인해 아무것도 제대로 할 수가 없게 되죠. 걱정과 염려 때문에 해야 할 일을 제대로 하지 못하게 되고, 그 일을 하지 못했다는 부채감 때문에 또 걱정이 되고 불안이 높아져요. 악순환에 빠지고 맙니다.

오류의 말
이번 생은 망했어. 평생 이 모양 이 꼴로 살 거야.

예외 찾기
아니! 내 인생은 아직 시작도 안 했어. 나는 직업이 있고 내 일을 잘하고 있어. 성실하기도 해. 나는 분명 잘되게 돼 있어.

여러분도 이러한 고장 난 생각, 사고 오류를 범하고 있지는 않은가요? 이 중에서 몇 개나 해당되나요? 부정적 사고 오류, 즉 생각의 실수를 자주 하는 사람들일수록 우울과 불안에 시달릴 가능성이 높습니다. 건강에도 나쁜 영향을 끼칠 수밖에 없습니다.

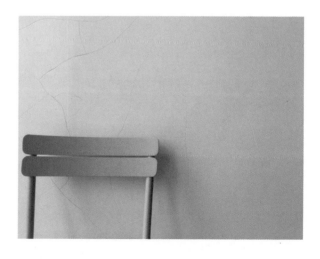

이 책을 읽으면서 '아, 그렇게 하면 되는구나' 이해하는 것도 좋지만, 한 번만이라도 실행해보세요. 직접 해봐야 좋은 생각을 하는 능력이 생기고 습관화가 됩니다.

우리 머릿속에 떠오르는 어떤 생각들은 무의식적으로 긍정으로 기울어져 있기도 하고 부정으로 기울어져 있기도 합니다. 내가 유독 자존감이 낮은가요? 내가 유독 자신감이 좀 없나요? 내가 유독 사람들 앞에서 많이 떠나요? 대인관계에 자신이 없나요? 내가 유독 외로움을 많이 느끼나요?

괜찮아요.

지금부터 긍정사고 습관 연습을 계속하면 훨씬 더 긍정적인 생각을 많이 하고 긍정적인 감정을 많이 느끼는 뇌로 바꿀 수 있습니다.

부정적 완벽주의자가 행복해지는 법

나에게 관대해야 하는 이유

100점이 만점인 시험에서 95점을 받은 사람이 있습니다. 대부분은 높은 점수를 받았다고 생각할 거예요. 하지만 무조건 100점을 받아야 한다는 목표를 세우고 공부한 사람은 100점이 아니면 아무 쓸모가 없다고 생각할 수 있습니다. 극단적이고 부정적인 완벽주의자는 '모 아니면 도'라고 생각합니다. 모든 일을 흑백 논리로 판단하고 과정보다는 결과만 중요하게 생각하는 것입니다.

앞에서 완벽주의자들이 흑백논리의 오류에 빠져 이분법적 사고를 하기 쉽다고 언급했었습니다. 시험을 열심히 준비한 과정도 내 인생에서 의미 있는 일인데, 결과가 좋지 않으면 그 과정조차 쓸모없는 일이었다고 생각해버립니다. 그래서 100점이 아니면 의미가 없으므로 99점에도 실망하고 마는 거죠.

부정적 완벽주의자들의 특징 중 하나는 목표를 너무 높게 설정한다는 것입니다. 그럴 경우 당연히 성공을 경험할 일도 적어지겠죠. 내가 열심히 노력한 것에 대해 긍정적인 피드백을 받을 일이 적어지면서 더 부정적인 생각을 하는 사람이 되어버립니다. 이런 악순환이 반복되면 '나는 늘 실패하는 사람'이라는 부정적 사고방식이 끼어들게 되고 자신감과 자존감이 점점 낮아지게 됩니다. 유연하게 사고해야 합니다. 세상에 완벽하고 완전한 것은 존재하지 않습니다.

우리의 인생을 힘들게 만드는 것들은 여러 가지가 있습니다. 경제적으로 어려워질 수도 있고, 갑자기 건강이 나빠질 수도 있고, 오랫동안 다녔던 직장을 그만둬야 할 수도 있습니다. 이런 일들은 내 인생의 큰 사건 사고입니다.

그런데 사건 사고가 없는데도 내 인생이 계속 불행하다는 생각이 들고 내 인생에 잘 풀리는 일 하나 없이 매일 괴롭다면 정말 내 인생을 망치고 있는 건 부정적 사고 때문일 확률이 높습니다. 내 인생을 망치는 원인은 타인이나 주변 환경인 줄 알았는데 아닐 수 있다는 겁니다.

타인과 대화를 할 때, 혹은 우리가 어떤 일을 대할 때 우리의 뇌가 긍정보다 부정을 택하는 것은 나의 나쁜 패턴이 반복 학습된 상태, 즉 나쁜 습관에 길들여졌기 때문입니다.

"그런데 부정적으로 생각하는 습관은 유전인 것 같은데요? 우리 가족은 다 그렇거든요."
이렇게 반문하는 분들도 있습니다. 이건 유전자 때문이라기보다 가족의 문화에서 부정적 습관이 만들어졌을 수

있습니다. 부모가 매사에 부정적인 생각과 감정을 선택한다면 아이들도 좋은 생각과 좋은 감정을 선택하기가 쉽지 않을 겁니다. 아이는 부모의 감정, 생각, 행동 패턴을 관찰하고 그대로 따라 하면서 성장하거든요. 그렇게 부모의 성격이 대물림되고 거기에 맞는 집안 분위기나 가족의 문화가 만들어집니다.

특히 완벽주의자 성향이 강한 부모는 자녀에 대한 기대 때문에 칭찬보다는 지적하는 말을 자주 합니다. 예를 들어, 학교에서 아이가 그려온 그림을 보고 "손가락을 왜 이렇게 크게 그렸어? 전체적으로 어두운 색을 너무 많이 써서 이상하네. 다음엔 그림을 그리기 전에 색칠을 어떻게 할 건지 좀더 생각해봐."라고 한다거나 아이가 선택한 친구의 선물, 아이가 고른 책, 아이가 세운 계획 등에 대해서도 존중하기보다 핀잔을 줍니다.

완벽주의자 부모에게서 자란 사람은 자기를 낮게 평가합니다. 자신이 한 선택을 자주 부정당했으니까요. 타인의 기대에 부응하지 못하고 욕구를 만족시킬 수 없는 사람이라고 생각하게 되는 것이죠. 이는 대인관계에도 영향을 끼칩니다. 그래서 자주 이런 생각을 합니다.

'나는 왜 이렇게 예민할까? 사람한테도 왜 이렇게 상처받을까? 나는 왜 이렇게 늘 기운이 없고 모든 일에 자신이 없을까?'

정말 그 사람이 부족해서가 아니라 주변의 기대 또는 스스로 세운 기대가 너무 높아서 쉽게 만족하지 못하게 되고, 자신이 열등하다고 생각하게 되는 겁니다. 이것이 바로 부정적 완벽주의자의 특징입니다. 이들은 타인보다 나에게 훨씬 더 엄격합니다. 알고 보면 장점 덩어리들인데 자신의 장점은 전혀 못 보고 단점만 매우 크게 보는 습관을 갖고 있습니다.

우리는 알게 모르게 남보다 내가 좀 더 우월해야 한다, 혹은 우월하다는 생각을 갖고 있습니다. 저도 그래요. 겸손한 것처럼 보이지만 속으로는 '더 잘하고 싶어. 더 잘되고 싶어. 더 성장하고 싶어. 더 지혜롭고 싶어.' 같은 욕구가 아주 강합니다. 말로 표현하지는 않지만 누구나 솔직히 다른

사람보다 더 성공하고 싶고, 더 발전하고 싶고, 더 성장하고
싶다는 욕구가 있습니다. 우리 모두에게는 우월의식도 있
고 경쟁의식도 있습니다. 누구나 그렇습니다.

그런데 내가 그런 마음을 드러내지 않고 내 속으로만
앓다 보면 '더 잘하고 싶은데 왜 난 못하지? 난 왜 이렇게 게
으르지? 왜 노력을 못하는 걸까?' 하며 내가 나를 너무 야단
치게 됩니다. 그리고 지나치게 나의 결함에만 집중합니다.
신체적 결함, 외모, 능력 등을 너무 낮게 평가합니다.

완벽주의는 성취동기의 역할을 하기도 하지만 심리적
으로는 부정적인 영향을 미칠 수 있습니다. 실제로 완벽주
의 성향이 있는 사람들은 부정감정을 더 많이 느낀다고 합
니다. 여러 심리학 논문을 보면 완벽주의와 우울, 강박, 섭
식장애 등은 관련이 높습니다. 특히나 부정적 완벽주의자
들은 타인의 부정적 평가를 두려워하며 지나치게 높은 목
표를 달성하려고 노력하지만 결과적으로 만족하지 못하는
경우가 많기 때문에 더 심한 정신적 고통을 받습니다.

긍정적 완벽주의자와 부정적 완벽주의자의 차이는 높은 목표 달성에 실패했을 때 자존감이 저하되느냐 아니냐에 따라 달라집니다. 부정적 완벽주의자들은 자신의 노력에 대해 성공이냐 실패냐, 즉 이분법적으로 사고하기 때문에 목표를 달성하지 못한 것은 '실패'로 정의합니다. 한편 긍정적 완벽주의자들은 이분법적 사고를 상대적으로 덜 합니다. 모든 완벽주의자들은 목표를 달성하지 못했을 때 좌절하고 힘들어합니다. 다만 실패 이후에 좌절을 견뎌내고 다음에는 잘할 수 있을 거라고 믿는다면 긍정감정이 형성됩니다.

모든 게 완벽해야 한다고 생각하는 사람들은 인간관계에서도 어려움을 느낄 수밖에 없습니다. 세상에 완벽한 인간관계란 존재하지 않습니다. 모든 사람은 인간관계에서 갈등을 겪고 고통을 느낍니다. 그런데도 작은 것 하나하나 완벽하길 바라는 사람은 절충이 없습니다.

완벽주의자들은 남에게 피해를 끼치는 것도 정말 힘들어합니다. 그래서 평소에는 이런 사람들이 굉장히 순한 양

같아요. 폐를 끼치는 것도 싫고 지적받는 것도 싫으니 눈에 띄지 않게 행동하고 일도 열심히 하거든요. 그런데 모든 게 완벽해야 하니 늘 예민할 수밖에 없습니다. 내 몸은 병이 들어가죠. 남한테 화도 잘 안 냅니다. 내 성격이 나빠 보이는 게 싫거든요. 그렇게 꾹꾹 참다가 쌓이고 쌓인 감정이 어느 날 폭발하는 경우도 많습니다. 평소에는 고요해 보이지만 어느 순간에 욱하고 터져버리는 거죠.

여러분 스스로 너무 엄격하고 부정적인 감정을 많이 느끼는 완벽주의자라고 생각한다면, 지금 당장 자신의 장점 찾기를 해보세요. 부정적인 사람들은 자기 장점은 못 보는데 단점은 30~40개씩 찾아내요. 그것 때문에 늘 짜증이 나 있고 자기에게 화가 나 있습니다.

이들이 타인을 볼 때는 타인의 장점을 잘 볼 수 있을까요? 아닙니다. 타인의 장점보다는 단점을 굉장히 잘 봅니다. 나를 용서하지 못하는 사람은 타인에 대해서는 두 배, 세 배, 더 용서를 못합니다. 그래서 나에게 관대하고 내 장점을 많이 보고 나에게 먼저 긍정적인 사람이 되어야 합니다.

나의 장점들을 적어보세요.

1 _____

2 _____

3 _____

4 _____

5 _____

6 _____

7 _____

8 _____

9 _____

10_____

11_____

12_____

13_____

14_____

15_____

16_____

17_____

18 _____

19 _____

20 _____

완벽주의자들은 자존심이 셉니다. 자존심이 센 게 나쁜 건 아닙니다. 자존심을 지키기 위해서 누구보다 더 노력하거든요. 다만 별것도 아닌 일에 쉽게 자존심이 상해서 괴로워하는 게 문제입니다.

작은 실수나 실패에 마음이 크게 흔들리고요. 상대방은 단지 의견을 말했을 뿐인데 '나는 비난받았어.'라며 혼자 괴로워하기도 하죠. 지나치게 자존심 상해하는 겁니다. 그래서 열등감도 좌절감도 너무 많이 느낍니다. 이건 잘못된 거예요.

이렇게 행동하는 이유는 자기 이상이 아주 높기 때문입니다. 더 잘하고 싶다, 더 좋은 사람이 되고 싶다는 이상이 높은 건 좋은 겁니다. 하지만 이상을 좇는 과정에서 자신을 너무 깎아내릴 필요는 없다는 거죠.

완벽주의자의 장점은 열심히 노력하는 사람이라는 것입니다. 따라서 성취도도 생산성도 높습니다. 더 놀라운 건 이런 사람들은 죽는 그날까지 노력한다는 겁니다. 이들에게 필요한 건 나를 칭찬하는 일입니다.

'나는 어떤 경우에도 노력하는 사람이야. 나는 누구보다 더 노력하고 쉬지 않고 일하고 쉬지 않고 공부해.'

이렇게 끈기 있게 노력하는 나에게 자기 자비를 가지고 칭찬해야 합니다. 장점은 모른 채 열등감에 빠져 괴로워하는 나를 구해야 합니다. 나를 불안하게 하는 완벽주의는 버려야 합니다.

"타인도 완벽하지 않아. 나도 완벽하지 않아. 타인도 실수할 수 있어. 나도 실수할 수 있어. 실수했다면 다음에 나는 잘 해낼 수 있어."

나에 대해서 관대해지는 연습을 해야 합니다. 내 외모에 대해서도, 내 성격에 대해서도, 내 지식에 대해서도 말입

니다. 내가 나를 좋게 평가해야 타인에 대해서도 좋게 평가
할 수 있습니다.

명랑하고 밝게 사는 사람들의 비결

낙관적인
생각의 힘

상담실에 고민 사연 글이 왔습니다.

매사에 긍정적인 사람을 보면 부럽습니다. 별로 행복했던 기억이 없어서일까요? 성장 과정이 행복하지 못해서인지 긍정적으로 생각하고 즐겁게 지내는 게 참 힘드네요. 권위적인 부모님 밑에서 칭찬보다는 야단을 많이 맞으면서 자란 탓일까요?

자신감도 부족하고 늘 부정적인 생각을 많이 합니다. 낙관적인 생각을 많이 하면서 행복하게 살고 싶은데 부정적인 사고방식이 습관이 된 것 같아요. 과거를 생각하면 우울하고 현재는 무기력하고 미래를 생각하면 불안해요. 환경이 행복하지 않으니 점점 더 부정적인 사람이 되어가는 것 같아요.

"인생을 두 번째로 살고 있는 것처럼 살아라. 그리고 지금 막 당신이 하려고 하는 행동이 첫 번째 인생에서 반복했던 그릇된 행동이라고 생각하라."

빅터 플랭클의 말을 기억하세요. 지금 막 내가 하려는 행동이, 과거에 내가 했던 그릇된 행동이라면, 지금 바로 더 좋은 행동으로 수정할 수 있어요. 이번 생에서 내게 주어진 사명을 완수해야죠. 죽기 전까지 내 인생이 어떻게 전개될지는 아무도 모릅니다. 미래에 대한 기대를 버려선 안 됩니다. 전생이 있다면, 전생에서도 나는 지금의 내 상황을 탓하며, '이번 생은 망했다'고 탄식했을지도 몰라요. 전생에서 했던 실수를, 오늘 또 반복할 순 없지요. 긍정적으로 생각하고, 낙관적인 사람이 되려면 어떻게 해야 할까요?

빅터 플랭클은 고통, 죄, 죽음과 같은 비극적인 요소가 우리 삶 속에 내재되어 있지만, 그럼에도 불구하고 인간은 현재는 물론 앞으로도 낙관적으로 살 수 있다고 말합니다. 인간은 삶의 부정적인 요소를 긍정적으로 전환하는 창조적인 능력을 가지고 있습니다.

우리는 주어진 상황에서 낙관적인 생각을 하도록 최선을 다하는 연습을 해야 합니다. 우리가 행복하려면 행복할 이유를 매일 찾는 연습을 해야 하는 것이죠. 그래야 행복을 찾는 능력이 생깁니다. 누구나 살다 보면 비극적인 일을 마주하거나 불행을 겪을 때가 있습니다. 하지만 그 불행에 빠져서 한없이 좌절감을 느끼는 사람이 있는가 하면 최대한 낙관적인 생각으로 전환하는 사람이 있습니다.

고통을 잘 극복해서 긍정적인 에너지로 바꿀 수 있고 잘못을 저질렀을 때도 자신을 발전적으로 변화시킬 수 있는 계기를 마련하면서 책임감을 가지고 살아갈 수 있는 동기를 끌어내는 것이 낙관적인 생각의 힘입니다.

우리는 모두 행복해지고 싶고, 웃고 싶고, 명랑하게 살고 싶은 욕구를 가지고 있습니다. 고통 속에 있더라도 명랑하게 살기 위해서 최선을 다할 수 있는 힘을 키울 수 있다는 것이지요. 게오르그 루카치가 쓴 『소설의 이론』이라는 책에 이런 문장이 나옵니다.

"명랑함은 고통의 부재나 존재의 안정성이 아니라 내적인 욕구로부터 우러나오는 행동과 대응이다."

제가 정말 좋아하는 문장이에요. 어떤 환경에서도 항상 쾌활하고 밝게 살아가는 사람들이 있습니다. 고통이 없고 늘 안정된 환경 속에 있기 때문에 밝게 살 수 있는 걸까요? 루카치의 말처럼 명랑함은 환경이 주는 게 아니라 내적 욕구로부터 우러나오는 것입니다

"나는 밝게 살고 싶어. 불행 속에서도 행복을 찾고 싶어."
그런 나의 욕구로부터 시작되는 게 명랑함이라는 거지요. 행복해서 웃는 게 아니라 행복하고 싶은 욕구 때문에 웃게 되고 더 명랑하게 생활하게 되고 그러다 보면 행복은 저

절로 따라옵니다. 많이 웃는 것, 긍정적으로 생각하는 것, 최대한 명랑하게 살기 위해 노력하는 것, 이런 나의 노력과 선택 그리고 습관이 삶의 방향을 결정한다는 것입니다.

성공을 목표로 삼지 마세요.
성공을 목표로 삼고 그것을 표적으로 하면 할수록 더 멀어집니다. 성공은 행복과 마찬가지로 찾을 수 있는 것이 아니라 찾아오는 것입니다. 매일매일 즐겁게 살다 보면 행복은 반드시 찾아오게 돼 있습니다. 성공에 무관심하려고 애씀으로써 저절로 찾아오도록 해야 한다는 말입니다. 이는 빅터 프랭클이 한 말입니다.

성공과 행복이 목표가 될 때 진정한 행복과는 오히려 멀어집니다. 부담감 때문이죠. 목표를 성취하지 못하면 어떡하나 조바심이 나면 불안해집니다. 내 양심의 소리에 귀 기울이면서 내가 원하는 것을 위해 행동하면, 성공과 행복은 저절로 찾아오리라 기대하면서 매일 즐겁게 감사하면서 살아야 한다는 말이 아닐까요?

타인은 내가 바꿀 수 없습니다.

세상도 내가 바꾸기 어렵습니다.

하지만 내 마음을 긍정적으로 바꾸면 내 인생은 얼마든지 바꿀 수 있습니다.

지금 이 순간부터 조금 더 긍정적인 생각을 선택하는 연습, 매일 조금씩 더 웃는 연습, 내일은 오늘보다 명랑하게 살아가는 연습, 이런 연습을 통해서 내 인생은 얼마든지 바꿀 수 있습니다.

여러분의 오늘이 어제보다 조금 더 행복했으면 좋겠습니다.

모든 타인은 나에게 깨달음을 준다

인간관계에서
자유로워지는 법

나는 내가 키웁니다.
나이 들수록 우리는 성장해야 합니다.
어제의 나보다 오늘의 내가 조금 더 성장하고
어제의 나보다 오늘의 내가 조금 더 행복하고
오늘의 내가 어제의 나보다 조금 더 지혜로워진다면
나의 오늘과 내일은 반드시 좀 더 성장해 있을 겁니다.

좀더 행복해질 겁니다.

좀더 긍정적으로 생각하게 될 겁니다.

좀더 가벼운 마음으로 사람을 만나고

어떤 어려운 일을 당해도 빨리 일어나게 될 것입니다.

넘어지지 않는 방법은 없냐고요? 인간관계에서 상처 받지 않는 방법 없냐고요?

없습니다.

우리는 누구나 살다 보면 넘어집니다. 저도 넘어집니다. 저도 인간관계를 하다 보면 언제나 상처받는 일이 생깁니다. 그런데 과거의 박상미와 오늘의 박상미는 확연히 다릅니다. 어떻게 다르냐고요?

예전에는 한번 넘어지면 일어나는데 몇 년이 걸렸어요. 그런데 이제는 넘어져도 금방 일어나는 힘이 생겼습니다. 예전에는 넘어지면 남을 원망하고 나 자신도 학대했어요. 이제는 숨을 크게 들이쉬고,

'아, 또 실수하고 잘못했네. 괜찮아. 빨리 수습하면 돼. 괜찮아. 다음에 더 조심하자. 오늘 잘못한 거 기억하고 다음

에 실수하지 않도록 노력하자.'

이렇게 스스로 다독일 수 있게 되었습니다.

제가 강의하거나 상담을 할 때마다, 인간관계 속에서 상처 안 받는 법이 없는지 묻는 분들이 참 많습니다. 너무너무 많습니다. 분명히 말씀드립니다. 없습니다. 상처 안 받는 방법은 없습니다.

누구나 사람과 어울리다 보면 상처가 생기고 갈등이 생기고 오해가 생깁니다. 억울할 때도 있고 화해할 때도 있고 사이가 벌어지기도 하고 화해하기도 합니다. 폭풍우가 치기도 하지만 맑게 개는 날도 있습니다. 장마가 지기도 하지만 1년 365일 내내 비가 내리는 거 본 적 있으십니까? 이 비는 지나갑니다. 장마가 끝난 후 무척 깨끗해진 하늘을 본 적 있으시죠? 태풍이 물러가고 구름 한 점 없는 맑은 하늘을 본 적이 있으실 겁니다. 우리의 삶도 마찬가지입니다. 내 마음도 마찬가지입니다.

인간관계를 하는 동안 늘 갈등이 생겨요. 오해가 생겨

요. 누구나 상처받을 수 있어요. 부정적인 생각이 들어 힘든 순간마다 사고 습관을 바꿔야 합니다. 저도 과거에는 사람 때문에 상처받을 때마다, '나는 참 인복이 없어. 어떻게 나를 오해할 수 있어? 억울해. 너무 억울해. 사람이 싫어. 너무 무서워.' 하며 방으로 숨어들어 인간관계를 끊고 혼자가 되는 걸 택했어요.

하지만 이제는 그러지 않아요. '사람이 살다 보면 그럴 수도 있지.' 하고 받아들입니다. 특별한 일이 아니라 인간이라서 생길 수 있는 일이라고 생각합니다.

여전히 많은 사람들이 '타인의 평가' 때문에 속상해하고 힘들어합니다. 여러분, 타인이 나를 오해한다고 해서 내가 형편없는 사람입니까?

아닙니다.

타인이 나를 나쁜 사람이라고 욕한다고 해서 내가 그 사람의 평가처럼 100퍼센트 나쁜 사람입니까?

아닙니다.

타인이 나를 무시한다고 해서 나는 무시당해도 되는
사람입니까?

아닙니다.

'그건 네 생각이고. 나는 아닌데.'

이런 마음도 가져보는 겁니다.

누군가에게 억울한 소리를 들어서 속상한가요? 사람
들이 나를 무시해서 속상한가요? 존중받고 싶은데 그러지
못해서 자존심 상한가요? 나를 좋아하지 않는 것 같아서 마
음이 아픈가요?

사람이 늘 좋은 평가만 받을 수는 없어요. 누군가에게
는 좋은 부분이, 어떤 사람에게는 싫을 수 있어요.

이게 중요한 지점입니다.

어떤 사람의 같은 면을 보고 있으면서도 누군가는 욕
하고 비난하고 누군가는 좋아하고 칭찬해요. 그러니 누군
가 나를 비난하고 오해하고 무시해도 우리가 배짱을 키울

필요가 있습니다.

　나는 그 사람으로 살아본 적이 없어요.
　그도 내 인생으로 살아본 적이 없어요.
　그렇기 때문에 나도 그의 마음을 모르고 그도 내 마음을 알 수가 없어요. 그래서 한 사람의 평가가 다가 아닌 겁니다.

　어떤 사람이 나를 안 좋게 보고 나를 욕한다고 해서 내가 그런 사람은 아닌 겁니다. 그런데 한 사람이 아니라 여러 사람이 모여서 나를 욕하고 있다고요? 그것도 마찬가지예요. 그들이 그렇게 생각한다고 해서 내가 그런 사람은 아닌 겁니다.

　학교 다닐 때 반에서 따돌림당했던 아이를 생각해보세요. 이상한 아이였나요? 선생님의 사랑을 유독 많이 받는 아이였는데 아이들이 질투해서 여러 명이 모여 그 아이를 미워하고 따돌리는 경우도 있습니다.

'나는 잘되는 게 없는데 쟤는 하는 것마다 잘돼. 얼굴도 예쁘네. 집도 부자야. 쟤는 다 가졌네. 똑똑하기까지 해.'

그걸 보자니 너무 질투가 나고 화가 난다는 이유로 따돌리는 거죠. 때로는 별 이유 없이 심심하니까 여러 명이 순하고 착한 애 한 명을 괴롭히는 일도 있어요. 너무 끔찍한 폭력이죠.

저는 이런 따돌림 때문에 무척 괴로워하던 사람들을 모아서 집단 상담을 하고, 심리 검사도 진행했었습니다. 아무런 문제가 없는 정말 착하고 순한 사람들이었습니다. 비난받는 그들의 잘못이 아니라는 거예요.

남의 평가는 내 점수가 아닙니다. 남이 내 점수를 매기도록 주도권을 주시겠습니까? 그 사람이, 그런 사람들이 하는 평가는 그 사람의 생각일 뿐이에요. 나는 그런 사람이 아니니까요. 나에 대한 점수를 남이 매기도록 주도권을 주지 마십시오.

주도권을 주지 않는다는 말의 뜻은, 그 사람의 평가에

내 마음이 흔들리지 않는다는 것입니다. 나에 대한 점수는 내가 매겨야 합니다. 나를 좋아해주고 인정해주는 사람을 보면서 살면 됩니다. 그게 긍정적인 사고 습관, 긍정의 뇌를 가진 사람이 삶을 사는 방법입니다.

내 주변에 열 명의 사람이 있다고 칩시다. 내가 아무리 잘해도, 열 명 중 일곱 명은 나에게 관심이 없습니다. 그중 두 명은 나를 좋아할 겁니다. 나머지 한 명은 내가 아무리 잘해도 싫어합니다. 이유가 있을까요? 없습니다.

반대로 내가 어떤 실수를 저지르고 잘못을 했을 때, 역시나 열 명중 일곱 명은 나에게 관심이 없습니다. 한 명은 어떤 경우에도 나를 위로하고 좋아할 겁니다. 나머지 두 명은 잘못을 비난하고 싫어할 거예요. 여기에도 특별한 이유가 없습니다. 이게 인간 심리입니다.

대부분의 사람은 나에게 관심이 없습니다. 내가 잘하면 두 명이 좋아하고, 내가 잘못해도 한 사람은 내 편을 들어줄 거예요. 내 편이 될 수도 있고 안 될 수도 있는 한 명을 확보하느라 내 인생을 낭비하지 마세요. 그 한 명이 나를 싫어할까 봐 전전긍긍하지 마세요. 나를 이상하게 평가할까 봐 불안해하지 마세요. 어떤 경우에도 나를 좋아하는 '한 사람'에게 감사하고 나도 그에게 그런 존재가 되어주며 살면 됩니다.

그럼에도 불구하고 우리는 행복을 발견해야 한다

나를 치유할 수 있는 힘은
나에게 있다

과거를 돌아보거나 어릴 때를 떠올리면서 유독 힘들어
하는 사람들이 있습니다. 인간의 무의식 속에는 어린 시절
의 아픔과 상처를 간직한 자아가 있습니다. 그렇게 누구나
마음속에 내면아이를 하나씩 품고 삽니다. 인간은 자신이
경험한 모든 감정을 뇌에 기록하고 있습니다. 긍정적 감정

2부 밝고 빛나는 삶을 위한 사고습관 공부

이든 부정적 감정이든 모두 기억하죠. 그런데 앞에서도 말했지만 부정적 감정이 훨씬 오래 기억됩니다. 특히 부모로부터 충분히 사랑받지 못했다면 그에 대한 슬픔과 분노의 감정은 계속 남아 있습니다. 완전히 해소될 때까지 수면 위로 떠올랐다가 가라앉기를 반복하죠. 당연히 내 기분이 좋지 않을 때 부정적 감정이 들 때 더 자주 떠오를 겁니다.

이 내면아이는 누구나 가지고 있다고 말씀드렸지요? 누구나 어린 시절에 대해 나쁜 기억도 있고 좋은 기억도 있습니다. 그런데 아픈 기억에 너무 매몰되어 살아가는 사람이 있는가 하면 그 속에서도 좋은 기억을 찾아내려고 노력하는 사람이 있습니다. 물론 지난 세월이 죄다 고통스럽고 불행한 일만 겪은 사람이 있을 수도 있습니다. 그러나 그럼에도 불구하고 삶에서 행복을 발견하기 위해 애쓰는 사람이 있습니다.

삶이 힘들 때도, 우리는 그 와중에도 얼마든지 행복을 발견할 수 있습니다. 그 불행의 시기에도 분명히 주변에 고마운 사람이 있습니다. 반드시 내 인생에도 좋았던 기억이

있어요. 그걸 찾아내는 능력을 키워야 합니다.

내가 밝은 에너지를 내면 내 주변에 밝은 에너지의 사람들이 다가옵니다. 내가 자꾸 우울해하고 과거의 고통에 빠져 있으면 좋은 에너지를 가진 사람들이 내게 가까이 다가오지 않습니다. 늘 괴롭고 힘들다는 말만 하는 사람을 보고 있기가 너무 마음이 아프잖아요. 한두 번 위로의 말을 해주다가도 내가 힘들어져서 그 사람을 점점 멀리하고 싶어집니다. 늘 긍정적이고 자주 웃는 사람, 그냥 곁에 있기만 해도 기분 좋은 에너지를 뿜는 사람은 가까이하고 싶고 친해지고 싶어지죠. 그건 인지상정입니다.

언어는 습관입니다.
불행도 습관입니다.
부정적인 말을 계속하면 마음도 행동도 부정적으로 편향될 수밖에 없습니다.

고민이 있다면 자신만의 방법으로 속풀이하면서 마음을 비워내야 합니다. 사람마다 마음 그릇의 용량이 한정돼 있어요. 그 마음에 괴로움과 슬픔과 우울이 가득 차 있다면 어떻게 해야 할까요? 다 비워내야죠. 그래야 기쁨과 행복이 차오릅니다.

"나는 힘과 자신감을 늘 내 바깥에서 찾았지만 자신감은 내면에서 나온다. 자신감은 항상 그곳에 있었다."

심리학자 아나 프로이트의 말입니다. 나를 치유할 수 있는 힘은 타인의 입에서 나오는 것이 아닙니다. 내 마음속에 다 있습니다. 스스로 나를 살려야 돼요. 그 힘이 나에게 있어요. 내 안에 있는데 너무 힘들 때는 먹구름에 가려서 보이지 않을 뿐입니다.

여러분, 나의 치유 능력을 믿어야 합니다. 내가 나를 치료할 수 있다고 진심으로 믿어야 합니다. 그걸 믿지 못하면 평생 남한테 의지하면서 살 수밖에 없어요. 내 인생은 내가 살아야죠. 내 인생은 내가 주인공이에요.

정말 너무 힘들면 눈앞이 먹구름으로 가려져 내 마음

2부 밝고 빛나는 삶을 위한 사고습관 공부

이 안 보입니다. 그 먹구름을 걷어낼 때는 타인의 위로와 응원이 잠깐 필요합니다. 그러고 나서는 다시 내가 내 인생의 주인공으로 무대 위에 서야 돼요.

나는 360도 회전 무대에 서 있는 삶의 주인공이에요. 관람객들이 기대에 가득 찬 눈으로 무대 위에 있는 나를 지켜보고 있어요. 그러면 그들의 응원에 부응해야죠. 언제까지 '외로워 힘들어' 병에 빠져서 그렇게만 지낼 수는 없습니다. 그건 내 인생에 대한 예의가 아니에요.

1947년 노벨 문학상을 받은 앙드레 지드는 이런 말을 했습니다.

"우리는 힘껏 기쁨을 껴안아야 한다. 그것이 우리의 도덕적 책무이다."

'기쁨이 와야 껴안지. 나는 요즘 기쁠 일이 없는데.'라고 생각할 것이 아니라 내가 적극적으로 나서서 기쁨을 마구 당겨서 껴안아야 합니다. 행복을, 기쁨을, 즐거움을, 감사함을, 고마움을, 반가움을 찾아야 합니다. 그게 도덕적 의무라는 겁니다.

사촌이 땅을 사면 축하해주세요. 사촌이 기쁘고 행복해지는 거잖아요. 내가 기뻐하고 축하해주면 내 마음이 긍정으로 차오르고, 내 슬픔이 치유됩니다. 내 마음의 그릇에 긍정의 감정이 더 많이 담기면 슬픔과 괴로움과 고통이 들어갈 자리는 저절로 줄어들 수밖에 없습니다.

그러니 여러분도, 바로 지금부터 긍정이라는 기쁨의 여행길에 오르세요.

우울한 마음도 습관입니다

초판 1쇄 인쇄 2023년 3월 20일
초판 1쇄 발행 2023년 3월 30일

지은이 박상미
발행인 정수동 이남경
이사 장인서
본문디자인 강수진
표지디자인 Yozoh Studio Mongsangso

발행처 저녁달
출판등록 2017년 1월 17일 제406-2017-000009호
주소 경기도 파주시 문발로 142 니은빌딩 304호
전화 02-599-0625
팩스 02-6442-4625
이메일 book@mongsangso.com
인스타그램 @moon5990625
ISBN 979-11-89217-16-7 03180
ⓒ 박상미, 2023